Nina Wilkening

Materialien und Kopiervorlagen
zur Klassenlektüre

Ursel Scheffler

# Welche Farbe hat die Freundschaft?

Hase und Igel®

# Inhalt

www.hase-und-igel.de
Lektorat: Mira Fischer
Satz: Appel Grafik München GmbH
Illustrationen: Sabine Philipp
Abbildung auf S. 34: Infokarte des Landesverbands Bayern der Gehörlosen e. V.

ISBN 978-3-86760-543-4
2. Auflage 2020

## Das Buch

„Weißt du, dass du anders bist?“, fragt Max seinen Vater am Ende eines besonderen Schultags. Er ergänzt: „(...) du bist anders, weil alle anders sind.“ Ursel Scheffler greift in ihrem Buch „Welche Farbe hat die Freundschaft?“ das Thema Anderssein und den Umgang mit dem Fremden, insbesondere mit Menschen aus anderen Ländern und Kulturen, kindgerecht auf. In einer Zeit, in der Angst und Misstrauen gegenüber Flüchtlingen und Migranten auch in so manchem Klassenzimmer zunehmen, ist eine behutsame und differenzierte Auseinandersetzung mit dieser Thematik unerlässlich. Die Lektüre zeigt, dass man seine Furcht vor dem Fremden überwinden kann, indem man es kennenlernt. Dann kommt man idealerweise zu demselben Schluss wie Max, der begriffen hat, dass alle Menschen unterschiedlich sind und dass es spannend sein kann, diese Andersartigkeit zu entdecken.

Der deutsche Junge Max und das türkische Mädchen Mira gehen in dieselbe Klasse und kennen sich bereits aus dem Kindergarten. Gemeinsam erleben sie einen aufregenden Tag, der mit dem Weg zur Schule beginnt und am Abend bei Max zu Hause endet. In der Zwischenzeit passieren viele spannende Ereignisse: Morgens stellt die Lehrerin Frau Rabe ihrer Klasse einen neuen Mitschüler vor. Seine dunkle Hautfarbe inspiriert die Kinder dazu, sich über das Anderssein zu unterhalten, und sie stellen fest, dass alle Menschen unterschiedlich sind. Frau Rabe greift das Thema geschickt auf und lässt die Schüler durch ein Rate-Theater und das Vergleichen ihrer Hände diese Andersheit hautnah und spielerisch erfahren.

Nach der Schule werden Max und Mira von Miras Mutter abgeholt. Max darf den Nachmittag bei seiner Freundin verbringen und lernt dort eine für ihn neue Welt kennen. Miras Mutter fastet aus religiösen Gründen, Mira erhält eine Postkarte, auf der eine Moschee abgebildet ist, und Max entdeckt ein Buch mit geheimnisvollen Zeichen, den Koran. Im Laufe des Nachmittags erfährt der Junge so viel über den Islam und die Unterschiede und Gemeinsamkeiten mit dem Christentum, dass er auf dem Nachhauseweg mit seinem Vater gar nicht mehr aufhören kann zu erzählen.

Die Lektüre eignet sich mit ihrer großen Schrift und den lesefreundlichen Zeilenumbrüchen hervorragend für Erstleser. Der Einsatz bietet sich gegen Ende der ersten Klasse oder in der zweiten Klasse an. Die lebendigen Illustrationen von Sabine Philipp unterstützen das Textverständnis und die Lesemotivation zusätzlich.

## Das Material

Das vorliegende Material begleitet und unterstützt Sie bei der Arbeit mit der Lektüre. Zu jedem der neun Kapitel gibt es Kopiervorlagen, die die Inhalte des Buches aufgreifen und häufig auf spielerische Weise weiterführen. Im Mittelpunkt stehen dabei das Thema „Anderssein“ (am Beispiel unserer Hände und was man damit machen kann) und die Unterschiede und Gemeinsamkeiten von Islam und Christentum. Auch Übungen zur Sprache und zur Grammatik (Wortfamilie „Hand“, zusammengesetzte Nomen) sowie thematisch passende Bastelanleitungen und gestalterische Aufgaben (Fingerpuppen basteln, Fingerstempelbilder) werden angeboten.

Die Arbeitsblätter im Abschnitt „Vor der Lektüre“ (Informationen zur Lektüre und zur Autorin, Lesezeichen mit Zeilometer basteln, Lesetagebuch) führen zur Lektüre hin, während die Aufgaben im Abschnitt „Nach der Lektüre“ (Buchquiz, Würfelspiel, Aufgaben zu den Bildern der Geschichte und zur Freundschaft) das Textverständnis festigen und die angesprochenen Themen vertiefen.

Die Symbole in der Kopfleiste der Kopiervorlagen machen auf einen Blick deutlich, welche Arbeitstechniken jeweils schwerpunktmäßig angewendet werden:

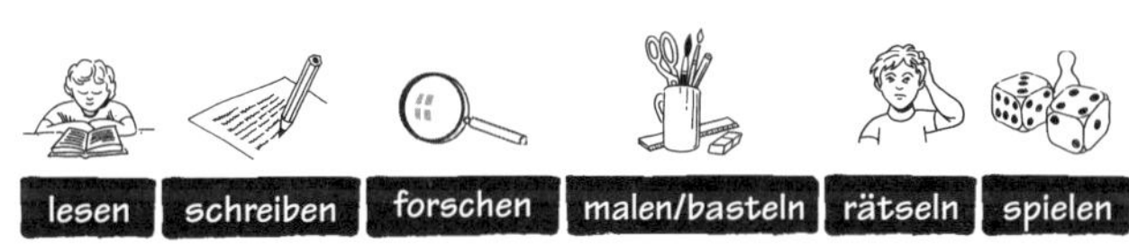


Sie haben die Möglichkeit, einzelne Arbeitsblätter nacheinander bearbeiten zu lassen oder alle gebündelt in Form einer Werkstatt anzubieten, sodass die Schüler die Anzahl und Reihenfolge der Aufgaben selbst festlegen. Hilfreich ist es, wenn sie eine eigene Lektüremappe anschaffen, in der die Materialien gesammelt werden.

## Vor der Lektüre

Indem Sie mit den Schülern über das Thema „Freundschaft“ sprechen, wecken Sie ihre Neugier und stimmen sie auf die Lektüre ein. Schreiben Sie das Wort „Freundschaft“ groß an die Tafel. Bitten Sie die Kinder, sich dazu zu äußern, was Freundschaft für sie bedeutet, wer ihr Freund/ihre Freundin ist und warum dieser Mensch ein Freund/eine Freundin ist. Leiten Sie dann zum Arbeitsblatt „Ein neues Buch“ über, mit dessen Hilfe sich die Schüler einen ersten Eindruck von der Geschichte verschaffen. Schön wäre es, wenn Sie den Kindern die Bücher feierlich überreichen könnten, um ihnen dadurch zu vermitteln, dass die Lektüreeinheit etwas Besonderes ist. Bevor Sie mit der Lektüre beginnen, sollten Sie das Arbeitsblatt „Mein Lesetagebuch“ verteilen und dessen Handhabung besprechen.

## Hinweise zu den Kopiervorlagen

**Ein neues Buch**

Diese Kopiervorlage dient dazu, den ersten Kontakt mit der Lektüre anzuleiten. Die Schüler schreiben die wichtigsten Angaben zum Buch in Einzelarbeit auf. Anschließend vermuten sie, wovon die Geschichte handeln könnte, und malen ein eigenes Bild zum Thema „Freundschaft“.

**Lösung**

1. Ursel Scheffler hat es geschrieben.
2. Welche Farbe hat die Freundschaft?
3. Ich sehe fröhliche Kinder, die hinter einem bunten Plakat stehen.
4. z. B. In dem Buch könnte es darum gehen, dass sich verschiedene Kinder miteinander anfreunden.

**Weiterführende Anregung**

Wenn Sie an dieser Stelle das Thema „Freundschaft“ vertiefen möchten, können Sie mit den Schülern kurze Gedichte schreiben, z. B. ein Freundschafts-Akrostichon oder ein Elfchen. Bei dem Akrostichon werden die Buchstaben des Wortes „FREUNDSCHAFT“ senkrecht untereinandergeschrieben. Jeder Buchstabe des Wortes ist der Anfangsbuchstabe eines neuen, zum Thema passenden Wortes, Begriffes oder Satzes (z. B. F: FREUNDLICH SEIN, R: RÜCKSICHT NEHMEN usw.). Ein Elfchen ist ein Gedicht aus elf Wörtern, die nach einem bestimmten Muster auf fünf Zeilen verteilt werden. Der einfachste Bauplan gibt lediglich die Anzahl der Wörter für jede Zeile vor: Zeile 1: ein Wort (Überschrift/Titel), Zeile 2: zwei Wörter, Zeile 3: drei Wörter, Zeile 4: vier Wörter, Zeile 5: ein Wort.

**Wer ist Ursel Scheffler?**

Mithilfe dieser Kopiervorlage lernen die Schüler die Autorin Ursel Scheffler näher kennen. Auf der Seite des Verlags gelangen sie schnell zu Informationen über die Autorin, wenn sie im Suchfeld „Scheffler“ eingeben. Da der Text nicht ganz einfach ist, bietet es sich an, die Aufgabe in Partner- oder Gruppenarbeit lösen zu lassen. Bei der Bildung der Paare oder Gruppen sollten Sie darauf achten, dass gute Leser mit schlechten Lesern zusammenarbeiten.

**Beispiellösung**

- Ursel Scheffler ist eine der erfolgreichsten deutschsprachigen Kinderbuchautorinnen.
- Bis heute sind mehr als 300 Kinderbücher von ihr in rund 30 Sprachen erschienen.
- Sie schreibt vor allem Geschichten für Grundschüler.
- Ursel Scheffler ist viele Wochen im Jahr auf Lesereise in Schulen, um Kinder für Bücher zu begeistern.
- Sie lebt mit ihrem Mann in Hamburg.
- Die Autorin hat das Leseförderprojekt „Büchertürme“ gegründet.

**Weiterführende Anregung**

Richten Sie einen Büchertisch mit Lektüren von Ursel Scheffler ein. So können die Schüler während der Unterrichtssequenz immer wieder in ihren Büchern blättern und werden idealerweise dazu angeregt, sich eines davon in der Bibliothek auszuleihen. Lassen Sie die Klasse am Ende der Einheit ein Buch von Ursel Scheffler auswählen, das Sie ihr zu bestimmten Zeiten (z. B. während der Frühstückspause) vorlesen.

**Ein farbenfrohes Lesezeichen**

Mit dem Lesezeichen markieren die Schüler die Buchseite, auf der sie beim letzten Mal aufgehört haben zu lesen. So werden zeitaufwendiges Suchen und Frustration vermieden und die Lesefreude bleibt erhalten. Wenn eine Antwort aus dem Text herausgesucht werden muss, hilft das Zeilometer dabei, die betreffende Stelle schnell zu finden und sich darüber zu verständigen.

Die Kinder basteln das Lesezeichen weitgehend in Einzelarbeit. Helfen Sie ihnen gegebenenfalls beim Ausschneiden des fertigen Lesezeichens. Auch das Lochen sollten Sie übernehmen. Zuvor können Sie die Lesezeichen laminieren, damit sie stabiler sind.

KV Seite 20

**Mein Lesetagebuch**
Diese Kopiervorlage unterstützt die Schüler dabei, den Inhalt des Buches sowie ihren eigenen Leseprozess zu reflektieren. Teilen Sie das Blatt am Anfang aus und besprechen Sie das Vorgehen. Sobald sie ein Kapitel vollständig gelesen haben, dokumentieren die Kinder ihren Lektürefortschritt, ihre Meinung zu dem Kapitel und ihr Leseverstehen, indem sie die Kapitelüberschrift farbig einrahmen und entsprechend viele Bonbons und Fingerabdrücke einkreisen (zwischen 1 = nicht gut und 5 = sehr gut). Greifen Sie eventuelle Verständnisschwierigkeiten auf, bevor mit der Lektüre des nächsten Kapitels begonnen wird.

**Weiterführende Anregung**
Wenn Ihre Klasse sehr schreibbegeistert ist oder wenn Sie eine Differenzierungsaufgabe für stärkere Schüler suchen, bietet es sich an, das Lesetagebuch auszubauen. Dazu benötigen die Kinder linierte Blätter, auf denen sie weitere Ideen zu jedem Kapitel notieren können. Diese Ergänzungen sollten Sie nicht korrigieren, da die Schüler hier ihre persönlichen Gedanken und Gefühle festhalten.

## Weitere Unterrichtsvorschläge

- Lassen Sie die Kinder alleine oder mit einem Partner ein Bild zu dem Titel „Welche Farbe hat die Freundschaft?“ malen. Dabei können sie das Motiv und die Zusammenstellung der Farben frei wählen.
- Teilen Sie die Lektüre im Vorfeld in kurze Abschnitte ein und weisen Sie jedem Schüler eine Passage zu, die er besonders gut üben soll. Wenn der entsprechende Abschnitt im Buch erreicht ist, kann das betreffende Kind seine Lesefähigkeit unter Beweis stellen. Lassen Sie die Schüler am Ende der Unterrichtseinheit das vollständige Buch vorlesen. Schaffen Sie dafür eine feierliche Atmosphäre, z. B. durch einen Stuhlkreis mit Kerzenlicht oder durch einen schön geschmückten Stuhl, auf dem der jeweilige Vorleser sitzen darf. Geben Sie den Kindern frühzeitig bekannt, welchen Abschnitt sie üben sollen, damit sie sich ohne Druck auf das Vorlesen vorbereiten können.
- Legen Sie einen einfachen Lesepass an, in den die Schüler zu lesende Abschnitte eintragen. So können sie einzelne Passagen zu Hause vorbereiten oder wiederholen. Der Lesepass sollte eine Spalte enthalten, in der ein Erwachsener durch Unterschrift bestätigt, dass vorgelesen wurde. Außerdem sollte eine Würdigung (z. B. durch einen Aufkleber oder eine lobende Bemerkung und einen Smiley) erfolgen, sobald der Lesepass vollständig ausgefüllt ist.

1. Kapitel
**Max und Mira**

## Inhalt

Max, ein deutscher Junge, und seine Freundin Mira, ein türkisches Mädchen, gehen zusammen zur Schule. Sie sind in derselben Klasse und kennen sich schon aus dem Kindergarten. Max erinnert sich daran, wie Mira anfangs nur wenig Deutsch sprach und er sich deswegen über sie lustig machte. Inzwischen beherrscht sie die Sprache fast besser als er und korrigiert ihn manchmal.

## Gesprächs- und Schreibanlässe

Max und Mira gehen alleine zur Schule.
- Wie kommst du zur Schule?
- Wie ist dein Schulweg (lang, kurz, gefährlich, sicher)?

Als Mira zum ersten Mal in die Kindergartengruppe kam, kannte sie nur wenige deutsche Wörter.
- Wie hat sich Mira wohl gefühlt?
- Hast du schon einmal eine ähnliche Situation erlebt, in der für dich alles neu und fremd war? Wie ging es dir?

Das einzige türkische Wort, das Max versteht, ist „Döner“.
- Kennst du weitere türkische Wörter?
- Kennst du Wörter in anderen Sprachen?

## Hinweise zu den Kopiervorlagen

**Max und Mira gehen zur Schule**
Dieses Arbeitsblatt fordert die Schüler dazu auf, genau im Buch nachzulesen und Max’ und Miras Schulweg in den hier abgebildeten Stadtplan einzuzeichnen. So überprüfen sie ihr Textverständnis und schulen ihr räumliches Vorstellungsvermögen. Abschließend stellen sie einen Bezug zu ihrer Lebenswelt her, indem sie den eigenen Schulweg beschreiben.

**Lösung**

*Aufgabe 2:*

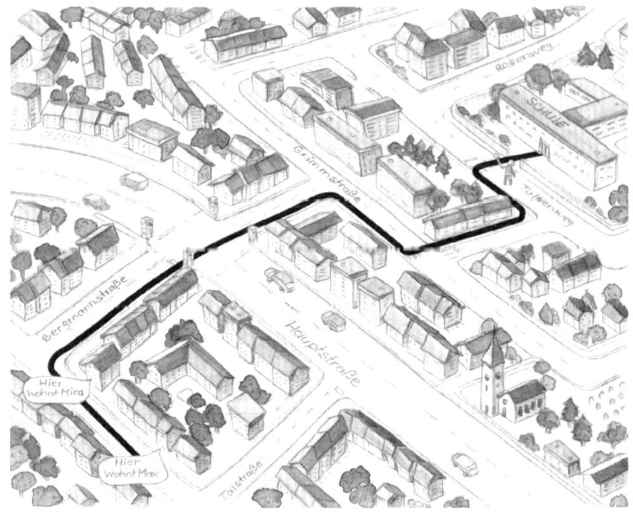


KV Seite 22

### Wir lernen Türkisch

Hier werden die Schüler dazu angeregt, ein Memory aus deutschen und türkischen Wörtern zu basteln. Kopieren Sie das Arbeitsblatt für die beiden Klassenhälften in zwei unterschiedlichen Farben. Indem Sie Kindern, die nebeneinandersitzen, jeweils verschiedenfarbige Blätter und einen Briefumschlag für ihr Memory geben, verhindern Sie, dass die Spielkarten durcheinandergeraten. Die Schüler beschriften das Kuvert mit ihrem Namen, schneiden die Karten aus und stecken sie in ihren Umschlag. Anschließend finden sie sich zu Kleingruppen (zwei bis vier Teilnehmer) zusammen und spielen mit einem Kartensatz Memory. Wenn Sie den Kindern die Aufgabe stellen, mit ihren Eltern oder Geschwistern zu Hause zu spielen, fällt es ihnen leichter, im Unterricht auf die Verwendung des eigenen Kartensets zu verzichten.

**Weiterführende Anregungen**

- Zum Abschluss der Stunde oder zu Beginn der nächsten Stunde können Sie das Spiel „Kartentausch" durchführen. Dazu benötigen Sie eine Karte pro Schüler. Die Kinder gehen durch den Raum. Treffen sie einen Klassenkameraden, bleiben sie stehen und lesen ihm das türkische Wort auf ihrer Karte vor. Das andere Kind versucht nun, die deutsche Übersetzung zu nennen. Anschließend tauschen die beiden Schüler ihre Karten und suchen sich einen neuen Partner. Stoppen Sie das Spiel nach etwa fünf Minuten.
- Das Memoryspiel kann auch eine Aufgabe des Wochenplans oder der Werkstatt sein. In diesem Fall benötigen Sie nur drei bis vier Kartensätze, je nach Klassengröße. Es bietet sich an, für jeden Kartensatz eine andere Farbe zu wählen und die Karten zu laminieren.
- Veranstalten Sie ein Quiz mithilfe der Karten. Dazu wird die Klasse in zwei Mannschaften geteilt, die gegeneinander spielen. Dabei können Kinder mit türkischer Muttersprache ihre Kenntnisse unter Beweis stellen.
- Die Karten eignen sich auch für eine Variante des „Eckenrechnens": Vier Schüler stellen sich jeweils in eine Ecke des Klassenzimmers. Fragen Sie nach der deutschen oder der türkischen Bedeutung eines Wortes. Das Kind, das zuerst richtig antwortet, geht im Uhrzeigersinn eine Ecke weiter. Das Spiel ist zu Ende, wenn das erste Kind wieder in seiner ursprünglichen Ecke angekommen ist. Achten Sie darauf, dass möglichst gleich starke Schüler gegeneinander antreten. Die übrigen Kinder müssen sich während des Spiels ruhig verhalten und notieren die Antworten auf einem Blatt Papier.
- Schreiben Sie mithilfe eines Bildwörterbuchs Deutsch-Türkisch zusammen mit den Kindern Wortkarten für Gegenstände und Materialien im Klassenzimmer, die Sie an die richtige Stelle hängen, z. B. „Tür", „Fenster", „Tafel", „Stuhl", „Blume", „Bücherregal".

### Türkische Wörter in Deutschland?

Auch diese Kopiervorlage dient dem interkulturellen Lernen und zeigt, dass türkische Elemente schon vor langer Zeit Eingang in die deutsche Kultur gefunden haben. Indem sich die Schüler mit Lehnwörtern aus dem Türkischen beschäftigen, werden sie einerseits für Sprache sensibilisiert, andererseits wird ihnen bewusst, wie sehr unser Alltag von Dingen und Begriffen aus anderen Kulturkreisen geprägt ist. Bei der zweiten Aufgabe können die Kinder mit türkischer Muttersprache die fremden Begriffe laut aussprechen. Schön ist es, wenn anschließend alle diese Wörter gemeinsam nachsprechen.

**Lösung**

*Aufgabe 2:*

Kaffee – kahve – heißes Getränk, das Erwachsene mögen, Joghurt – yoğurt – Milchprodukt, Kaviar – havyar – Fischeier, die man essen kann, Karawane – kervan – große Reisegruppe auf Kamelen, Basar – pazar – Markt

*Aufgabe 3:*

Dolmetscher: Übersetzer, Kiosk: kleiner Laden, in dem u. a. Zeitschriften, Zigaretten und Süßigkeiten verkauft werden

### Wörter verdrehen

Im Buch verdreht Max das Wort „Raupenschlepper" zu „Schraubenschlepper" und wird daraufhin von Mira verbessert. Dass Versprecher nicht verwerflich sind, sondern auch zu einem kreativen Umgang mit Sprache anregen können, zeigen die Aufgaben auf dieser Kopiervorlage. Bei der Beschäftigung mit echten und erfundenen zusammengesetzten Nomen entdecken die Kinder lustige Neuschöpfungen und erlangen gleichzeitig erste Einsichten in die Wortbildung.

**Lösung**
*Aufgabe 1:*
Eiscreme – Cremeeis, Streifenzebra – Zebrastreifen, Quarkspeise – Speisequark, Kinderzimmer – Zimmerkinder, Zahnmilch – Milchzahn, Kleiderschrank – Schrankkleider, Ladendieb – Diebladen, Kartenpost – Postkarten, Kopfsalat – Salatkopf, Knopfhosen – Hosenknopf, Sonnenhut – Hutsonnen

*Aufgabe 2:*
Diese Wörter gibt es wirklich (grün): Eiscreme, Zebrastreifen, Quarkspeise, Speisequark, Kinderzimmer, Milchzahn, Kleiderschrank, Ladendieb, Postkarten, Kopfsalat, Salatkopf, Hosenknopf, Sonnenhut
Diese Wörter gibt es nicht (rot): Cremeeis, Streifenzebra, Zimmerkinder, Zahnmilch, Schrankkleider, Diebladen, Kartenpost, Knopfhosen, Hutsonnen

*Aufgabe 3:*
Alle Wörter sind aus zwei Nomen zusammengesetzt. Dabei wurden die Anfangsbuchstaben (bzw. die Anfangslaute) der beiden ursprünglichen Nomen vertauscht.
Mederfappe – Federmappe, Beseluch – Lesebuch, Drotbose – Brotdose, Schurntuh – Turnschuh, Hathemeft – Matheheft, Kalmasten – Malkasten

**Weiterführende Anregung**
In einer leistungsstarken Klasse oder für besonders schnelle und interessierte Kinder bietet sich im Anschluss an die dritte Aufgabe folgende Detektivaufgabe an: Zerlege jedes zusammengesetzte Wort in seine beiden Einzelwörter und schreibe alle drei Nomen mit Artikel auf. Nach welchem der beiden Einzelwörter richtet sich der Artikel des zusammengesetzten Nomens? (Lösung: Der Artikel richtet sich nach dem zweiten Nomen, dem Grundwort.)

## Weitere Unterrichtsvorschläge

- Wenn Ihre Schüler Freude am Lernen von Fremdsprachen und am Spielen mit Sprache erkennen lassen, lohnt es sich, diese Themen zu vertiefen. Neben Türkisch können Sie zum Beispiel auch andere Sprachen, die in Ihrer Klasse gesprochen werden, in den Unterricht einbeziehen.
- Für den Stuhlkreis eignet sich das Nomen-Ketten-Spiel: Nennen Sie ein zusammengesetztes Nomen. Ihr linker Sitznachbar bildet ein neues zusammengesetztes Nomen, das mit dem zweiten Nomen Ihrer Zusammensetzung beginnt. So ergibt sich eine Nomen-Kette. Zum Beispiel: Türschloss – Schlossgespenst – Gespenstergeschichte – Geschichtenerzähler … Hin und wieder kommt es vor, dass eine Kette abbricht, weil keine weitere Zusammensetzung gefunden werden kann (wie im Beispiel beim Wort „Erzähler“). In diesem Fall startet das nächste Kind mit einer neuen Kette.

2. Kapitel
**Der Neue**

## Inhalt

Heute kommt ein neuer Schüler in die Klasse von Max und Mira. Weil Joschi dunkelhäutig ist und krauses Haar hat, entspinnt sich zwischen den Kindern ein Gespräch über unterschiedliches Aussehen. Dabei wird klar, dass nicht nur Menschen aus fremden Ländern anders aussehen, sondern dass alle Menschen verschieden sind. Max stellt fest, dass es langweilig wäre, wenn alle aussehen würden wie er.

## Gesprächs- und Schreibanlässe

Felix erzählt, dass er im Urlaub in Marokko ganz braun geworden ist.
- Wer von euch hatte im Sommer oder nach dem Urlaub auch schon einmal dunklere Haut als sonst?
- Warum ist das wohl so?

„Menschen in anderen Ländern sind anders!“, ruft Kati. „Auch bei uns sind die Menschen anders“, bemerkt Alice.
- Wer hat denn nun recht: Kati oder Alice?
- Wie ist das in eurer Klasse: Seht ihr alle ähnlich aus oder seid ihr ganz verschieden?

Max sagt, dass es langweilig wäre, wenn alle aussehen würden wie er.
- Wie fändest du es, wenn alle Menschen aussehen würden wie du?
- Was würde passieren, wenn alle Menschen gleich aussehen würden? Wie würde sich unser Leben verändern?

## Hinweise zu den Kopiervorlagen

KV Seite 25

### Gegensätze

Dieses Arbeitsblatt greift das Thema „Gegensätze“ auf und verbindet es mit grammatikalischen Aspekten: Die Schüler sollen jeweils zwei Adjektive zu Gegensatzpaaren zusammenstellen. Sie suchen zu den in der Tabelle vorgegebenen Adjektiven das Gegenteil aus dem Kasten und bilden mit den Zahlen und Rechenzeichen dahinter jeweils eine Aufgabe. Das Zusammenzählen aller Ergebnisse bietet ihnen die Möglichkeit der Selbstkontrolle, wenn Sie die Endsumme vorab nennen.

**Lösung**

*Aufgabe 1:*

lang – kurz (18 – 1 = 17), dick – dünn (2 + 0 = 2), fröhlich – traurig (8 – 2 = 6), alt – neu (6 + 1 = 7), dumm – klug (5 + 3 = 8), freundlich – unfreundlich (1 + 9 = 10), hellhäutig – dunkelhäutig (0 + 10 = 10), brav – frech (13 – 10 = 3), faul – fleißig (2 + 7 = 9)

*Aufgabe 2:*

Rechnung: 2 + 17 + 2 + 6 + 7 + 8 + 10 + 10 + 3 + 9

Das Endergebnis lautet: 74

**Weiterführende Anregung**

Um mit den Adjektiven weiterzuarbeiten, können Sie mit den Kindern das „Gegensatzspiel“ durchführen: Auf Ihr Kommando gehen die Schüler durch den Raum und suchen jemanden, der ein gegensätzliches äußeres Merkmal hat (z. B. helle Haare – dunkle Haare). Die auf diese Weise gebildeten Paare stellen sich vor der Tafel auf. Je nach Leistungsstand der Klasse können Sie das Spiel vereinfachen, indem Sie z. B. auch Paare aus einem Jungen und einem Mädchen zulassen.

### Wer bist du?

Mit dieser Kopiervorlage fertigen die Schüler einen Steckbrief über einen Klassenkameraden an. Zunächst zeichnen sie den Partner, anschließend befragen sie ihn und schreiben seine Antworten auf. Dabei gilt es, genau hinzusehen und zuzuhören.

Sammeln Sie die Blätter nach der Bearbeitung ein. Lesen Sie einzelne Steckbriefe ohne Nennung des Namens vor und lassen Sie die Klasse raten, um wen es sich handelt. Fragen Sie nach, woran das Kind erkannt wurde.

## Weitere Unterrichtsvorschläge

- Das grammatikalische Thema „Gegensätze“ lässt sich auch auf Nomen und Verben ausweiten. Im Zusammenhang mit dem Thema der Lektüre bietet es sich beispielsweise an, mit den Schülern folgende Gegensatzpaare zu definieren: Deutscher – Ausländer, Bekannter – Fremder, Freund / Freundschaft – Feind / Feindschaft.
- Vertiefen Sie das Thema „Deutscher – Ausländer“: Wer ist eigentlich ein Deutscher, wer ist ein Ausländer? Sind alle Menschen, die wie Joschi dunkle Haut und krauses Haar haben, Ausländer oder können sie auch Deutsche sein? Arbeiten Sie mit den Kindern heraus, dass man nicht am Aussehen festmachen kann, welche Nationalität jemand hat, und dass man sich auch deutsch fühlen kann, wenn man einen ausländischen Pass besitzt, aber hier aufgewachsen ist. Sprechen Sie außerdem mit den Schülern über den Satz: „Alle Menschen sind Ausländer, fast überall.“ Er verweist darauf, dass jeder nur in einem relativ kleinen Gebiet auf dieser Welt kein Ausländer ist.

3. Kapitel
**Meine Hände, deine Hände**

## Inhalt

Die Klassenlehrerin Frau Rabe schlägt vor, in der letzten Stunde ein Theaterstück vom Anderssein aufzuführen. Für die Bühne spannt sie ein Seil und hängt eine Decke darüber. Dann lässt sie die Handpuppen erzählen, warum es gut ist, dass sie einzigartig sind. Anschließend stellen sich die Kinder hinter die Decke und spielen Theater mit ihren Händen. Die Zuschauer müssen erraten, wem welche Hände gehören, und erkennen, dass dies gar nicht so einfach ist.

## Gesprächs- und Schreibanlässe

Frau Rabe lässt die Handpuppen sprechen. Jede von ihnen erzählt, warum sie außergewöhnlich ist.

- Welche anderen Tiere und Figuren aus dem Puppentheater kennst du noch? Was ist an ihnen besonders?
- Was macht dich einzigartig? Warum ist es gut, dass die anderen nicht so sind wie du?

Die Zuschauer müssen erraten, wem die Hände gehören.

- Warum ist das gar nicht so einfach?
- Welche Kinder werden gleich erkannt? Woran?
- Durch welche Merkmale kann man Hände noch unterscheiden?

## Hinweise zu den Kopiervorlagen

KV Seite 27

**Wortfamilie „Hand"**
Hier setzen sich die Schüler spielerisch mit der Wortfamilie „Hand" auseinander, indem sie ein Kreuzworträtsel lösen. In einer eher leistungsschwachen Klasse bietet es sich an, die Lösungswörter in ungeordneter Reihenfolge als Wortspeicher an die Tafel zu schreiben und mit den Kindern die Bedeutung der Wörter vorab zu besprechen. Differenzieren können Sie, indem Sie den Wortspeicher verdeckt, z. B. an die umgeklappte Außentafel, schreiben, sodass nur die schwachen Schüler die Hilfe in Anspruch nehmen können, während die Starken allein rätseln dürfen.

**Lösung**
*Aufgabe 1:*
1. Handcreme, 2. Handtasche,
3. Handgelenk, 4. Handball,
5. Handstand, 6. Schreibhand,
7. Handschlag, 8. Handtuch,
9. Linkshänder

*Aufgabe 2:*
Lösungswort: Handschuh

KV Seite 28

**Fingerpuppen basteln**
Wie die Kinder im Buch sollen auch Ihre Schüler die Möglichkeit erhalten, mit den Händen Theater zu spielen. Diese Fingerpuppen sind recht einfach zu basteln und können mit nach Hause genommen werden. Vielleicht finden sich im Unterricht zwei Freiwillige, die ihre Szene der Klasse präsentieren möchten.

## Weiterer Unterrichtsvorschlag

Bringen Sie eigene Puppentheaterfiguren mit oder bitten Sie die Kinder, welche mitzubringen. Bauen Sie eine Puppentheaterbühne auf (z. B. wie im Buch beschrieben) und geben Sie den Kindern die Gelegenheit zu spielen. Einzelne Kindergruppen können ihre Szenen oder Theaterstücke vorführen.

4. Kapitel
**Handdetektive**

## Inhalt

Max und seine Klassenkameraden vergleichen ihre Unterarme miteinander und stellen fest, dass diese ganz verschieden sind. Anschließend darf jedes Kind mit seinem Zeigefinger auf ein Blatt Papier stempeln. Frau Rabe erklärt, dass man anhand des Fingerabdrucks Verbrecher überführen kann, weil es jeden Fingerabdruck nur einmal auf der Welt gibt.

## Gesprächs- und Schreibanlässe

Ayshe hat einen Leberfleck am Handgelenk, Alice hat Sommersprossen auf dem Arm.

- Durch welche Merkmale können sich Arme noch unterscheiden?
- Wie kann man deinen Arm und den Arm deines Sitznachbarn auseinanderhalten?

Detektive und Polizisten können Verbrecher anhand ihrer Fingerabdrücke erkennen und überführen.

- Warum ist das möglich?
- Welche weiteren Methoden wenden Detektive und Polizisten an, um herauszufinden, wer ein Verbrecher ist?

## Hinweise zu den Kopiervorlagen

KV Seite 29

**Logical**
Dieses Arbeitsblatt greift das Thema des Kapitels in Rätselform auf. Die Schüler schauen sich Bilder von verschiedenen Unterarmen an und lesen die einzelnen Sätze dazu genau. Anschließend sind sie aufgefordert, die Merkmale in die Tabelle durch ein „Plus" (diese Aussage trifft zu) oder ein „Minus" (diese Aussage trifft nicht zu) zu übertragen. Dabei ist zu beachten, dass in jeder Zeile und Spalte nur ein „Plus" gesetzt werden darf.

**Lösung**

*Aufgabe 3:*

| | Armband | Leberfleck | Pflaster | Sommersprossen |
|---|---|---|---|---|
| Theo | – | + | – | – |
| Lisa | – | – | – | + |
| Emre | – | – | + | – |
| Aylin | + | – | – | – |

*Aufgabe 4:*

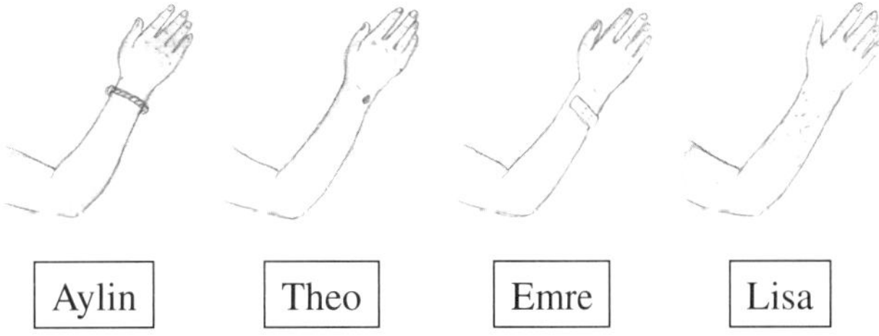


**Weiterführende Anregung**

Wenn Ihre Schüler Gefallen an Logicals finden, können Sie auch selbst einfache Rätsel dieser Art erstellen. Knüpfen Sie thematisch an die Lektüre an, indem Sie sich z. B. auf das Aussehen der Schüler, ihre Herkunft oder ihre Sprachkenntnisse beziehen.

KV Seite 30

**Zeigt her eure Hände …**

Diese Kopiervorlage verbindet die Anregung zum genauen Beobachten und Vergleichen mit einem grammatikalischen Thema, der Steigerung von Adjektiven. Durch die konkreten Anweisungen und die Angabe der Steigerungsformen sind die Aufgaben auch für leistungsschwächere Kinder gut zu bewältigen. Für leistungsstarke Schüler können Sie die Vergleichsformen schwärzen oder vor dem Kopieren mit Tipp-Ex unsichtbar machen. Schnell arbeitende Kinder können weitere Vergleiche finden und diese mit Beispielen aufschreiben.

KV Seite 31

**Fingerstempelbilder**

Hier werden die Schüler kreativ und gestalten mit den Fingern Stempelbilder. Die Beispiele erleichtern den Einstieg. Das Vorgehen ist einfach: Zuerst tauchen sie einen Finger ihrer linken Hand (Linkshänder benutzen einen Finger ihrer rechten Hand) nacheinander ins Wasser und in eine Farbe und stempeln den Fingerabdruck auf das Blatt Papier. Durch die Zusammensetzung mehrerer Fingerabdrücke und das Ziehen von Strichen entsteht eine Figur.

Stellen Sie für jedes Kind mehrere Blätter Papier bereit. So können die Schüler die Technik zunächst ausprobieren und später ein ganzes Bild aus Fingerstempeln gestalten. Dafür können folgende Vorschläge als Anregung dienen:

- eine Sommerwiese mit Blumen, Vögeln und Schmetterlingen
- eine Unterwasserlandschaft mit Fischen
- eine einsame Insel mit Palmen und Sonne

## Weitere Unterrichtsvorschläge

- Bringen Sie Lupen (mindestens einen halben Klassensatz) in den Unterricht mit. Jedes Kind betrachtet den Daumen seiner linken Hand (bei Linkshändern seiner rechten Hand) durch eine Lupe und versucht, dessen Maserung auf ein Blatt Papier zu malen.
- Lassen Sie die Kinder ihre Fingerabdrücke stempeln und vergrößern Sie diese mit dem Kopierer. Beschriften Sie jedes Blatt auf der Rückseite mit dem Namen des Kindes, dem der Fingerabdruck gehört. Legen Sie die Blätter mit den vergrößerten Fingerabdrücken auf dem Boden vor der Tafel aus. Fordern Sie die Kinder auf, ihren eigenen Fingerabdruck zu suchen und vor dem Blatt stehen zu bleiben. Lösen Sie das Rätsel dann auf, indem Sie die Blätter umdrehen und den Namen des Kindes, dem der Fingerabdruck gehört, bekannt geben.
- Fotografieren Sie die Unterarme der Schüler und entwickeln Sie ein Ratespiel daraus.

5. Kapitel
**Was Hände alles können**

## Inhalt

Die Kinder basteln Hände aus Tonpapier und hängen sie an einer Wäscheleine auf. Frau Rabe erklärt, dass ihre Hände mit ihnen wachsen und immer geschickter werden. Die Klasse sammelt Tätigkeiten, die man mit den Händen ausführen kann.

## Gesprächs- und Schreibanlässe

Eine Hand ist meist geschickter als die andere. Deshalb muss eine Hand der anderen helfen.

- Bei Rechtshändern ist die rechte Hand geschickter, bei Linkshändern die linke. Manche Menschen können auch mit beiden Händen gleich gut arbeiten. Wie ist das bei dir?

- Linkshänder haben manchmal Schwierigkeiten im Alltag, weil viele Gegenstände auf Rechtshänder abgestimmt sind, z. B. Füllhalter, Scheren und Gitarren. Kennst du weitere Beispiele?

Die Kinder nennen viele Tätigkeiten, die man mit den Händen ausführt.

- Welche Aktivitäten fallen dir noch ein?
- Was machst du am liebsten mit deinen Händen?
- Gibt es auch Dinge, die man ganz ohne Hände tun kann?
- Was wäre, wenn wir keine Hände hätten?

## Hinweise zu den Kopiervorlagen

**Meine Hände und ich**
Ziel dieser Kopiervorlage ist, dass sich die Schüler ausgehend von ihren eigenen Händen mit sich selbst auseinandersetzen und notieren, was an ihnen besonders ist. In der ersten Aufgabe messen sie mit dem Lineal ihre Hand aus. Am besten wählen sie dafür die Hand, die nicht ihre Schreibhand ist, oder helfen sich gegenseitig beim Messen.

In der zweiten Aufgabe umfahren die Kinder ihre Hand auf dem Blatt und schneiden sie aus. Anschließend schreiben sie in jeden Finger eine Eigenschaft oder ein Merkmal, das sie als typisch für sich empfinden, und verzieren die Papierhand. Bitten Sie die Kinder, auf die Rückseite mit Bleistift ihren Namen zu schreiben.

Im Anschluss an die Arbeitsphase sammeln Sie alle Papierhände ein, lesen einige Besonderheiten vor und lassen die Schüler raten, wer diese Hand gestaltet hat. Wie im Buch können Sie dann die Papierhände an einer Leine aufhängen.

**Was unsere Hände alles können**
Bei diesem handlungsorientiert angelegten Arbeitsblatt geht es darum, dass die Schüler ausprobieren, was passieren würde, wenn sie nur eine oder keine Hand zur Verfügung hätten. Die Aufgaben sind so konzipiert, dass keine zusätzlichen Materialien, sondern nur Gegenstände aus dem Schulalltag benötigt werden. Die Kinder halten in einer Tabelle fest, welche Aufgaben sie gut, weniger gut oder gar nicht bewältigen konnten. Schnelle Schüler vergleichen ihre Ergebnisse mit einem Partner. Im Anschluss an die Arbeitsphase sollten Sie mit der Klasse über ihre Erfahrungen sprechen.

**Taubstummen-Abc**
Diese Kopiervorlage soll zur Inklusion beitragen und den Schülern vermitteln, dass sich auch taubstumme Menschen verständigen und Gespräche führen können. Zunächst sehen sich die Kinder in Einzelarbeit das Fingeralphabet an und versuchen, mit dessen Hilfe die Bilderwörter zu entschlüsseln. Anschließend werden sie selbst tätig und buchstabieren mit ihren Fingern Wörter für ihren Partner.

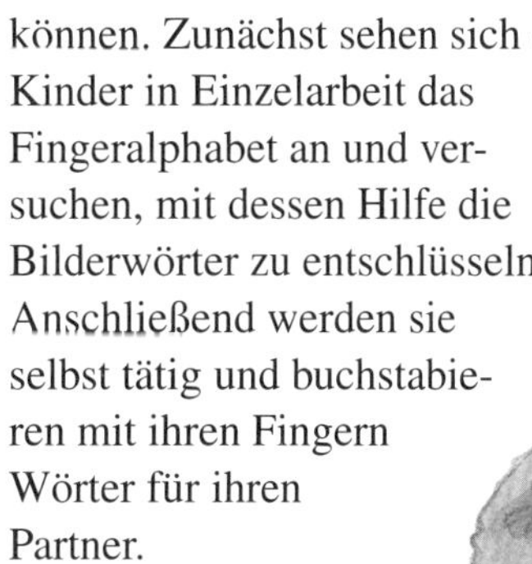
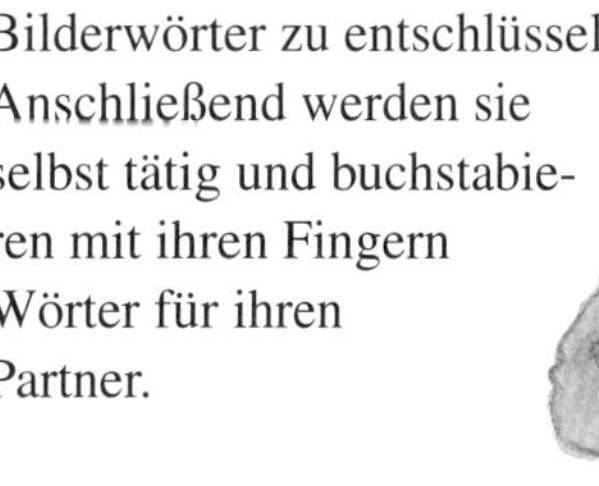

**Lösung**
*Aufgabe 2:*
Hund, Rose, Baum, Igel

## Weitere Unterrichtsvorschläge

- Stellen Sie spezielle Geräte für Linkshänder (z. B. Linkshänderscheren) zur Verfügung und lassen Sie die Rechtshänder ausprobieren, damit zu arbeiten.
- Zeigen Sie Ihren Schülern auf YouTube Lieder, die in Gebärdensprache gesungen werden, und üben Sie gemeinsam ein solches Lied ein.
- Probieren Sie eine Schulstunde oder einen Schultag lang, sich in der Klasse nur mithilfe von Gestik und Mimik zu verständigen.

6. Kapitel
**Bei Mira ist vieles anders**

## Inhalt

Nach der Schule werden Max und Mira von Miras Mutter abgeholt. Da seine Mutter heute länger arbeiten muss, darf Max den Nachmittag bei Mira verbringen. Als sie nach Hause kommen, holen sie eine Postkarte von Miras Großeltern aus dem Briefkasten, auf der eine Moschee abgebildet ist. Da Max nicht weiß, was das ist, erklärt Mira es ihm. Sie erzählt ihm auch, dass man in der Moschee die Schuhe ausziehen muss und Männer getrennt von Frauen und Kindern beten.

## Gesprächs- und Schreibanlässe

Auf der Postkarte von Miras Großeltern ist eine Moschee abgebildet.

- Wer von euch war schon einmal in einer Moschee? Wie sieht es dort aus?
- Wer von euch hat schon einmal eine Kirche besucht? Was sieht man dort?
- Hast du schon Gottesdienste oder Feste in der Moschee oder der Kirche miterlebt? Berichte davon.

## Hinweise zu den Kopiervorlagen

KV Seite 35

### Lies genau!

Auf dieser Kopiervorlage ist die Überprüfung des Leseverstehens mit der Freude am Rätseln gekoppelt. Wenn Sie die Übung als Detektivaufgabe oder Forscherauftrag einleiten, wirkt sie besonders motivierend. Die Schüler vergleichen den Text auf dem Arbeitsblatt mit dem ersten Abschnitt des sechsten Kapitels. In jeder Zeile steht ein Wort mehr als im Originaltext. Dieses wird durchgestrichen, wobei darauf zu achten ist, dass es trotzdem noch lesbar ist. Anschließend schreiben die Kinder alle durchgestrichenen Wörter auf, sodass sich ein Lösungssatz ergibt. Stärkere Schüler ergänzen die beiden fehlenden Kommas.

**Lösung**

Lösungssatz: Wie schön es doch ist, einen guten Freund zu haben, wissen Max und Mira ganz genau.

KV Seite 36

### Kirche und Moschee

Die Schüler festigen ihr Wissen über Moscheen und Kirchen, indem sie die Sätze den passenden Bildern zuordnen. Sinnvoll ist es, wenn sie mit Bleistift arbeiten, um falsche Linien wegradieren zu können. Zur Ergebnissicherung können Sie die Kopiervorlage mit den richtig eingezeichneten Verbindungslinien auf Folie kopieren und im Anschluss an die Arbeitsphase an die Wand projizieren.

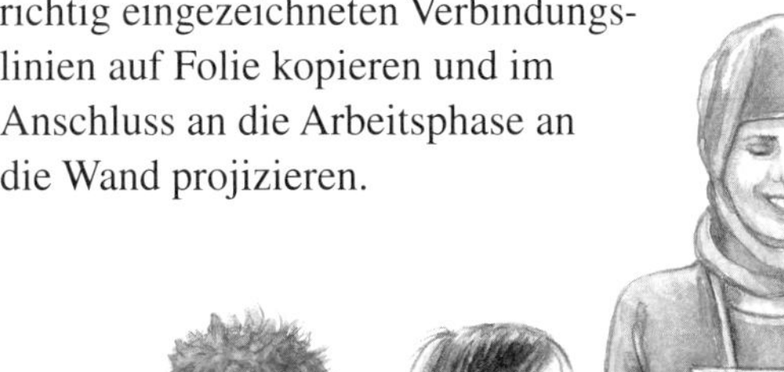

**Lösung**

Das ist eine Kirche für Christen.
Auf der Turmspitze sieht man oft ein Kreuz.
Die Menschen sitzen auf Holzbänken.
Es gibt nur wenige Teppiche.
Hier beten alle zusammen.

Das ist eine Moschee für Muslime.
Von hier werden die Menschen fünfmal am Tag zum Gebet gerufen.
Vor dem Eintreten zieht man die Schuhe aus.
Innen ist alles mit Teppichen ausgelegt.
Männer und Frauen beten getrennt.

**Weiterführende Anregung**

Besuchen Sie nach Möglichkeit mit Ihrer Klasse eine Kirche und eine Moschee, sodass die Schüler einen Eindruck von den Gotteshäusern erhalten.

7. Kapitel
**Fasten und Zuckerfest**

## Inhalt

Beim Mittagessen fällt Max auf, dass Miras Mutter nicht mitisst. Auf seine Nachfrage hin erfährt er, dass sie fastet, weil Ramadan ist. Mira und ihre Mutter berichten auch, dass nur die erwachsenen Muslime während des Ramadan tagsüber fasten und dass am Ende dieses Monats das Zuckerfest gefeiert wird, bei dem es wie an Weihnachten Süßigkeiten und Geschenke gibt.

## Gesprächs- und Schreibanlässe

Miras Mutter isst nichts zu Mittag.

- Warum tut sie das?
- Welche Regeln sind für Muslime außerdem wichtig?
- Fasten Christen auch? Welche Regeln befolgen sie noch?

Auf das Zuckerfest freuen sich die Muslime so sehr wie die Christen auf Weihnachten.

- Wie feiert ihr Weihnachten oder das Zuckerfest?
- Welche anderen wichtigen Feste gibt es bei euch?

## Hinweise zu den Kopiervorlagen

**Religionen-Domino**

Mit dieser Kopiervorlage vertiefen die Schüler ihr Wissen über das Christentum und den Islam auf spielerische Weise. Sie schneiden das Domino aus und setzen es anschließend zusammen, indem sie den Text auf jeder Karte lesen und das dazu passende Bild auf einer anderen Karte suchen. Die Kinder können das Religionen-Domino entweder in richtiger Reihenfolge auf ein DIN-A4-Blatt kleben oder die Karten in einem Briefumschlag mit nach Hause nehmen.

**Lösung**

| ANFANG | Das Gotteshaus der Muslime heißt Moschee. | | Das Gotteshaus der Christen heißt Kirche. |
|---|---|---|---|
| | In der Moschee gibt es schöne Teppiche. | | In der Kirche stehen Holzbänke hintereinander. |
| | Im Ramadan essen viele Muslime erst nach Sonnenuntergang. | | In der Fastenzeit der Christen vor Ostern verzichten viele auf etwas, z.B. auf Alkohol. |
| | Ein gläubiger Muslim betet fünfmal am Tag. | | Christen beten z.B. vor dem Essen oder dem Schlafen. |
| | Am Zuckerfest werden Kleider und Süßigkeiten verschenkt. | | An Weihnachten feiert man die Geburt von Jesus mit Geschenken. |
| | Für die Christen ist Jesus Gottes Sohn, für die Muslime ein Prophet. | | ENDE |

**Weiterführende Anregung**

Sie können das Religionen-Domino auch mehrfach auf festeres Papier kopieren, laminieren und als Aufgabe für den Wochenplan oder die Werkstatt zur Verfügung stellen.

**Feste feiern**

Die Bearbeitung dieses Arbeitsblatts erfordert das genaue Lesen. Die Schüler erfahren durch einen kurzen Sachtext einiges über wichtige islamische Feste. Anschließend beantworten sie Fragen zum Text.

Geben Sie muslimischen Kindern die Möglichkeit, von ihren Festen zu erzählen und eventuell Fotos davon oder passende Gegenstände mitzubringen.

**Lösung**

*Aufgabe 2:*

1. falsch, 2. richtig,
3. falsch, 4. falsch,
5. richtig, 6. falsch
Lösungswort: Zucker

8. Kapitel
**Das geheimnisvolle Buch**

## Inhalt

Max und Mira falten Papierflieger und lassen sie fliegen. Einer landet auf einem Buch, das Max sehr geheimnisvoll erscheint, da es Zeichen enthält, die er nicht kennt. Mira und ihre Mutter erklären Max, dass das Buch der Koran ist und dieser für die Muslime so etwas ist wie die Bibel für die Christen. Max erfährt auch, dass im Koran die Geschichten von Jesus, Noah, Moses sowie Adam und Eva vorkommen, die er aus der Kinderbibel kennt.

## Gesprächs- und Schreibanlässe

Miras Mutter erklärt Max, dass der Koran für die Muslime das ist, was die Bibel für die Christen ist.

- Was meint sie damit? Was bedeutet die Bibel für die Christen?
- Hast du auch schon von Jesus, Noah, Moses und Adam und Eva gehört? Was weißt du über sie?
- Wie wichtig ist die Bibel oder der Koran in deiner Familie?
- Was weißt du über den Propheten Mohammed?

## Hinweise zur Kopiervorlage

KV Seite 39

**Kennst du diese Geschichten?**
Bislang wurden im Buch und auf den Kopiervorlagen vor allem Unterschiede zwischen dem Christentum und dem Islam aufgezeigt. Dieses Arbeitsblatt macht deutlich, dass die beiden Religionen durch die Bezugnahme auf die Geschichten des Alten Testaments auch Gemeinsamkeiten haben. Die Schüler lesen kurze Sachtexte und verbinden sie mit den dazu passenden Bildern, die sie anschließend anmalen dürfen.

Geben Sie den Kindern nach der Bearbeitung die Gelegenheit, die Geschichten nachzuerzählen. Sicher ist es besonders interessant, wenn sowohl christliche als auch muslimische Kinder ihre Versionen präsentieren.

**Lösung**
1. Bild: Adam und Eva lebten im Paradies. Nachdem sie von der verbotenen Frucht gegessen hatten, wurden sie daraus vertrieben.
2. Bild: Als die Sintflut kam, baute Noah ein Schiff und nahm von jeder Tierart ein Pärchen mit. Nur die Arche überstand die Sintflut.
3. Bild: Moses wird als Kind in einem Weidenkörbchen im Fluss ausgesetzt. So gelangt er in das Haus des Pharaos.
4. Bild: Für die Christen ist Jesus Gottes Sohn, für Muslime ein Prophet, also ein Verkünder göttlicher Botschaften.

**Weiterführende Anregung**
Bringen Sie eine oder mehrere Kinderbibeln in den Unterricht mit. Diese stellen die biblischen Geschichten in Form von kurzen Texten und Bildern dar, sodass schnelle und interessierte Schüler selbst nachlesen können. Es bietet sich auch an, der Klasse die Geschichten vorzulesen.

9. Kapitel
**Jetzt redet Max**

## Inhalt

Am Abend wird Max von seinem Vater abgeholt und erzählt ihm auf dem Weg, was er heute alles erlebt und gelernt hat. Zu Hause berichtet er auch seiner Mutter vom vergangenen Tag.

## Gesprächs- und Schreibanlässe

Max möchte Mira bald wieder besuchen, am liebsten am Zuckerfest.
- Was hältst du davon, dass Max das Zuckerfest feiern möchte, obwohl er kein Muslim ist?
- Wie findest du es, wenn Muslime Weihnachten feiern möchten, obwohl sie nicht glauben, dass Jesus Gottes Sohn ist?
- Hast du schon einmal ein Fest aus einer anderen Religion gefeiert? Wie war das für dich?

Max hat seinen Eltern am Abend viel zu erzählen.
- Was fandest du an Max' Tag am aufregendsten? Wovon würdest du berichten?
- Max hat sicher noch mehr Fragen zu Miras Religion. Welche könnten das sein?

## Hinweise zu den Kopiervorlagen

**Was Max alles denkt …**
Die vorliegende Kopiervorlage fordert die Schüler einerseits dazu auf, den Inhalt des Buches zu rekapitulieren, andererseits dient sie als Vorbereitung für das folgende Arbeitsblatt („Max schreibt Oma einen Brief"). Die Kinder entscheiden sich für vier Erlebnisse oder Erkenntnisse von Max, die sie in den Denkblasen festhalten. Die drei Satzanfänge bieten ihnen dabei Orientierung, den Inhalt der vierten Denkblase können sie selbst bestimmen.

**Beispiellösung**
In der Schule haben wir heute Theater gespielt. Das war toll!
Bei Mira gab es Nudelauflauf. Aber Miras Mama hat nichts gegessen.
Alle sind anders, denn jeder Mensch hat einen eigenen Fingerabdruck.
Das Buch der Muslime heißt Koran und ist auf Arabisch geschrieben.

**Max schreibt Oma einen Brief**
Die Schüler schreiben aus Max' Perspektive einen Brief an seine Oma. Unterstützung bieten ihnen dabei die Denkblasen der vorigen Kopiervorlage und ein eigenes Bild von einem besonderen Ereignis des Tages.

Im Anschluss lesen die Kinder ihre Briefe vor und geben sich gegenseitig Feedback. Ein wichtiges Kriterium dabei ist, ob die Ereignisse korrekt dargestellt sind. Weitere Kriterien können z. B. sein:

- Ist der Brief verständlich geschrieben (ohne inhaltliche Dopplungen oder Abschweifungen)?
- Wurden die wichtigsten Ereignisse des Tages genannt (z. B. der neue Schüler, Besuch bei Mira, Unterschiede zwischen Christentum und Islam)?
- Würde sich die Oma über den Brief freuen? Warum?

## Nach der Lektüre

In diesem Abschnitt finden Sie Vorschläge, wie Sie die Lektüre abschließen und rekapitulieren können. Dabei werden auch die Bilder des Buches einbezogen. Die letzte Kopiervorlage bietet Ihnen die Möglichkeit, das Thema „Freundschaft" im Unterricht zu vertiefen.

## Hinweise zu den Kopiervorlagen

### Mit Max und Mira durch den Tag

Bei diesem Würfelspiel begleiten die Kinder Max und Mira durch ihren Tag und wiederholen so spielerisch den Inhalt des Buches und ihr neu erworbenes Wissen über das Christentum und den Islam. Kopieren Sie die beiden Spielplanseiten und kleben Sie sie zusammen. Die Frage- und Ereigniskarten werden ebenfalls kopiert, zur besseren Haltbarkeit laminiert, ausgeschnitten und verdeckt auf die entsprechenden Felder des Plans gelegt. Jeweils zwei bis vier Spieler treten gegeneinander an. Als Spielsteine können Stiftkappen, Radiergummis, verschiedene Centmünzen oder Ähnliches benutzt werden. Stellen Sie außerdem genügend Würfel zur Verfügung. Durch die Blankokärtchen kann das Spiel beliebig erweitert werden.

Es wird nach den folgenden Regeln gespielt: Die Kinder stellen ihre Spielfiguren auf das Startfeld. Der Schüler, der als Erster eine Sechs würfelt, darf beginnen. Landet ein Spieler auf einem Ereignis- oder Fragefeld, zieht sein linker Nachbar eine entsprechende Karte und liest sie vor. „Rauswerfen" gibt es nicht. Gewonnen hat, wer zuerst im Zielfeld angekommen ist. Dieses muss mit der passenden Würfelzahl genau erreicht werden.

### Max-und-Mira-Test

Diese Kopiervorlage bietet die Möglichkeit, die Handlung in Kürze zu rekapitulieren. Die Schüler lesen die Fragen und kreisen den Buchstaben vor der richtigen Antwort ein. Durch das sich so ergebende Lösungswort erhalten sie die Möglichkeit der Selbstkontrolle.

**Lösung**
*Aufgabe 1:*
1. F), 2. R), 3. E), 4. U), 5. N), 6. D)

*Aufgabe 2:*
Lösungswort: Freund

### Die Geschichte in Bildern

Dieses Arbeitsblatt regt die Schüler dazu an, den Inhalt der Lektüre anhand der Bilder zu wiederholen. Indem sie zu jeder Szene notieren, was hier passiert, fassen sie wichtige Textstellen mit ihren Worten zusammen.

**Lösung**
1. Die Klassenlehrerin Frau Rabe stellt den neuen Schüler Joshua vor.
2. Joshua und Felix spielen Theater mit ihren Händen und die anderen Kinder raten, wem die Hände gehören.
3. Miras Mutter holt eine Postkarte von Miras Großeltern aus dem Briefkasten. Darauf ist eine Moschee abgebildet. Mira erklärt Max, was das ist.
4. Max und Mira spielen mit Papierfliegern. Max' Papierflieger landet auf einem Buch, dem Koran.

### Eine Blume für einen Freund

Mit diesem Bastelvorschlag wird das Thema „Freundschaft" aufgegriffen. Die Schüler gestalten eine Blume für einen Freund und zeigen ihm dadurch ihre Wertschätzung. Zunächst schreiben sie in jedes Blütenblatt etwas, das sie an ihrem Freund mögen. Dann malen sie die Blume bunt an. Zum Schluss schneiden sie die Blüte aus und schenken sie ihrem Freund.

Bei diesem Arbeitsblatt können Sie auf verschiedene Weise vorgehen:

- Stellen Sie den Schülern frei, wem sie die Blume schenken möchten. Dies muss kein Kind aus der Klasse, sondern kann auch ein Freund außerhalb der Schule oder ein Verwandter sein.
- Sagen Sie den Schülern, dass Ihnen ein gutes Klassenklima und ein freundlicher und freundschaftlicher Umgang miteinander wichtig sind. Lassen Sie die Kinder Namenszettel ziehen und eine Blüte für den entsprechenden Klassenkameraden gestalten. Sammeln Sie alle Blumen ein und überreichen Sie diese den einzelnen Schülern feierlich.
- Kombinieren Sie die beiden Vorschläge: Zunächst soll jedes Kind eine Blüte für einen Klassenkameraden gestalten. Anschließend dürfen alle eine weitere Blume für eine Person ihrer Wahl beschriften und anmalen.

## Weitere Unterrichtsvorschläge

- Fordern Sie die Schüler auf, eine Buchbesprechung zu „Welche Farbe hat die Freundschaft?" zu schreiben. Folgende Angaben sollten darin enthalten sein: Autor, Titel, Seitenzahl, Verlag, Darum geht es im Buch, Das hat mir gut gefallen, Das hat mir nicht gut gefallen, So bewerte ich das Buch (in Schulnoten von eins bis sechs).
- Der Schriftsteller Georg Bydlinski hat seine Gedanken zum Thema „Freundschaft" im Gedicht „Wann Freunde wichtig sind" festgehalten. Sie können es leicht im Internet finden. Lassen Sie die Schüler ein Parallelgedicht dazu verfassen. Dabei sollten sich die Wörter am Ende der Zeilen 2 und 4 sowie 6 und 8 reimen.
- Lesen Sie Ihrer Klasse Bilderbücher zum Thema „Freundschaft" vor, z. B. „Freunde" von Helme Heine, „Die kleine Maus sucht einen Freund" von Eric Carle oder „Wir können noch viel zusammen machen" von Friedrich Karl Waechter. Fragen Sie anschließend: Woran erkennt man in diesem Buch, dass die Figuren Freunde sind?
- Feiern Sie mit Ihrer Klasse ein Freundschaftsfest. Überlegen Sie vorher gemeinsam, welche Aktivitäten stattfinden sollen (z. B. gemeinsam essen, gemeinsam spielen oder tanzen) und welche eher nicht (z. B. Wettspiele mit Siegern und Verlierern).
- Singen Sie mit den Schülern das „Kindermutmachlied" von Andreas Ebert. Sie finden es z. B. auf YouTube.
- Vertiefen Sie das Thema „deutsche Kultur – türkische Kultur". Bitten Sie türkische Schüler oder ihre Eltern, typische Lebensmittel, Alltagsgegenstände und Fotos aus der Türkei mit in den Unterricht zu bringen und von ihrer Kultur zu berichten. 
- Lesen Sie zweisprachige deutsch-türkische Kinderbücher vor (am besten zusammen mit einem Muttersprachler), z. B. „Im Zoo: Kinderbuch Deutsch-Türkisch" von Ulrike Fischer / Irene Brischnik, „Die kleine Wolke – Deutsch-Türkische Kindergartenfassung: Küçük Bulut" von Petra Lahnstein oder „Elmer ve Renkler / Elmar und die Farben" von David McKee.
- Wählen Sie mit den Schülern ein weiteres Buch von Ursel Scheffler als Klassenlektüre aus, z. B. ein Buch der „Paula"-Reihe für Erstleser („Paula macht Ferien am Meer", „Paula und der Sonntagshund") oder „Jungs-Abenteuer zum Lesenlernen". Für Zweitklässler eignen sich „Alle nannten ihn Tomate" und die „Ätze"-Reihe („Ätze – Das Tintenmonster bei den Piraten", „Ätze – Das Tintenmonster im Zirkus").

Name:

lesen | schreiben | forschen | malen/basteln | rätseln | spielen

# Ein neues Buch

Sieh dir das Buch von außen gut an und beantworte die Fragen.

1. Wer hat das Buch geschrieben?

Lesehasen-Bücherei

Welche Farbe hat die Freundschaft?

Ursel Scheffler · Sabine Philipp

Hase und Igel

2. Wie heißt das Buch?

3. Was siehst du auf dem Cover (Titelbild)?

4. Worum könnte es in dem Buch gehen?

5. Male in den Kasten, was dir zum Thema „Freundschaft“ einfällt.

Name:

lesen schreiben forschen malen/basteln rätseln spielen

# Wer ist Ursel Scheffler?

Die Autorin von „Welche Farbe hat die Freundschaft?“ heißt Ursel Scheffler. Was kannst du im Internet über sie erfahren?

Lies nach auf der Website des Hase und Igel Verlags (www.hase-und-igel.de). Schreibe wichtige und interessante Informationen in die Kreise.

# Ein farbenfrohes Lesezeichen

Damit du immer weißt, wo du beim letzten Lesen aufgehört hast, kannst du ein Lesezeichen benutzen. Mit dem Zeilometer findest du sogar die richtige Zeile.

Bastle dein Lesezeichen.

**Du brauchst:**

- Buntstifte
- eine Schere
- Klebstoff
- ein Stück Pappe oder Karton, ca. 7 cm x 20 cm
- einen Locher
- ein farbiges Bändchen (z. B. Kordel, Stoffband), ca. 16 cm lang

**So geht's:**

1. Male das Mädchen Mira an.
2. Schreibe deinen Namen auf die Linie.
3. Schneide das Lesezeichen grob aus.
4. Klebe es auf die Pappe oder den Karton.
5. Schneide das aufgeklebte Lesezeichen genau aus.
6. Loche das Lesezeichen an der markierten Stelle.
7. Ziehe das farbige Bändchen durch das Loch und verknote die beiden Enden.

Name:

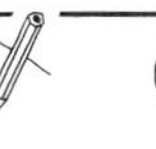

**lesen** schreiben forschen **malen/basteln** rätseln spielen

# Mein Lesetagebuch

von

| Das habe ich bereits gelesen. | So gut hat mir das Kapitel gefallen. | So ist es mir gelungen, das Kapitel zu lesen und zu verstehen. |
|---|---|---|
| Max und Mira | | |
| Der Neue | | |
| Meine Hände, deine Hände | | |
| Handdetektive | | |
| Was Hände alles können | | |
| Bei Mira ist vieles anders | | |
| Fasten und Zuckerfest | | |
| Das geheimnis-volle Buch | | |
| Jetzt redet Max | | |

Name:

**lesen** **schreiben** forschen **malen/basteln** rätseln spielen

# Max und Mira gehen zur Schule

Max freut sich jeden Morgen auf den Schulweg. Er holt immer seine Freundin Mira ab und sie gehen zusammen zur Schule.

Lies im Buch auf Seite 7 und 8 nach, welchen Weg Max und Mira gehen.

Sieh dir das Bild unten an. Zeichne den Schulweg von Mira und Max mit einem roten Stift ein.

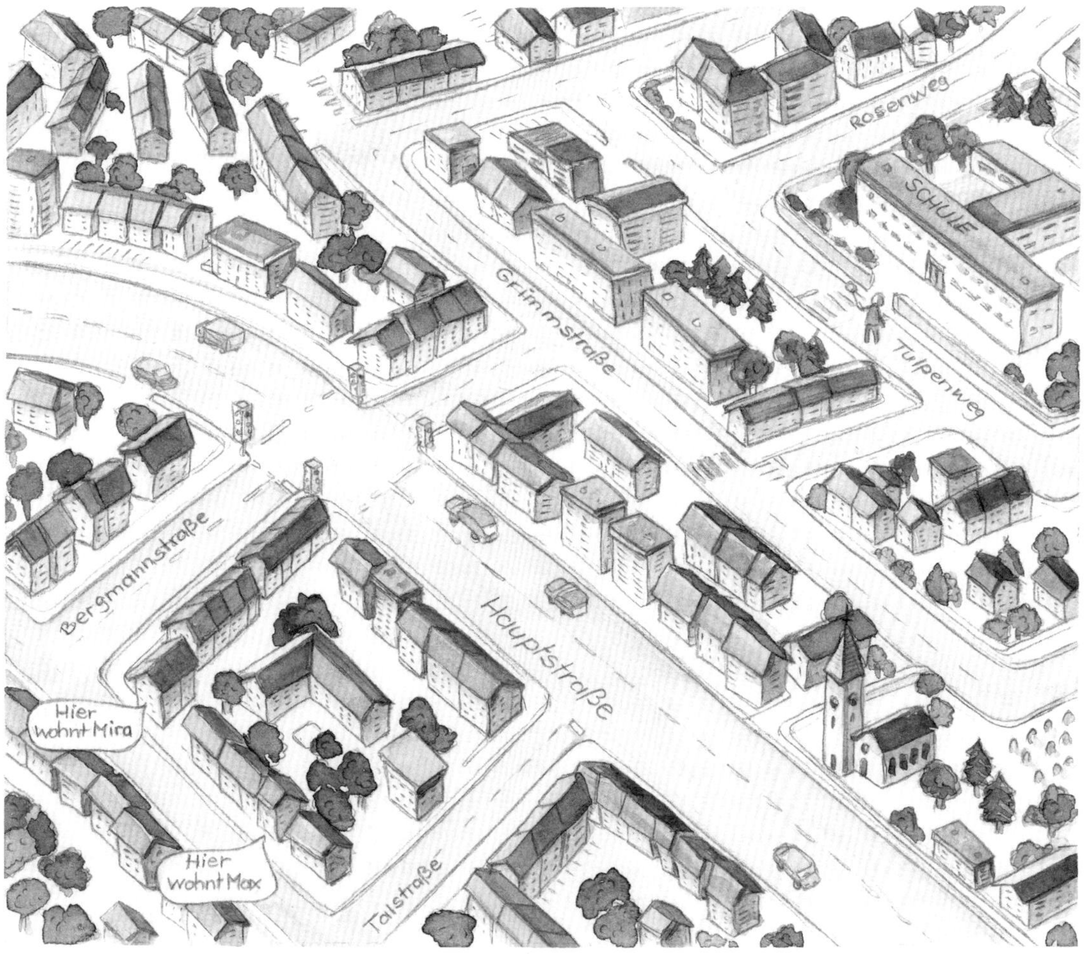

Wie ist dein Schulweg? An welchen Stellen musst du besonders gut aufpassen? Schreibe in dein Heft.

Name:

lesen schreiben forschen malen/basteln rätseln **spielen**

# Wir lernen Türkisch

Schneide die Karten aus und spiele mit deinem Partner Memory.

| | | |
|---|---|---|
| hallo<br>merhaba | Wie geht es dir?<br>Nasılsın? | Wie heißt du?<br>Adın ne? |
| tschüs<br>güle güle | Mama<br>anne | eins, zwei, drei<br>bir, iki, üç |
| bitte<br>lütfen | Papa<br>baba | vier, fünf, sechs<br>dört, beş, altı |
| danke<br>teşekkür | Geschwister<br>kardeşler | sieben, acht, neun<br>yedi, sekiz, dokuz |
| nein<br>hayır | Oma<br>büyükanne | zehn<br>on |
| ja<br>evet | Opa<br>dede | Hund<br>köpek |
| merhaba<br>hallo | Nasılsın?<br>Wie geht es dir? | Adın ne?<br>Wie heißt du? |
| güle güle<br>tschüs | anne<br>Mama | bir, iki, üç<br>eins, zwei, drei |
| lütfen<br>bitte | baba<br>Papa | dört, beş, altı<br>vier, fünf, sechs |
| teşekkür<br>danke | kardeşler<br>Geschwister | yedi, sekiz, dokuz<br>sieben, acht, neun |
| hayır<br>nein | büyükanne<br>Oma | on<br>zehn |
| evet<br>ja | dede<br>Opa | köpek<br>Hund |

Name:

lesen | schreiben | forschen | malen/basteln | rätseln | spielen

# Türkische Wörter in Deutschland?

Manche deutschen Wörter kommen ursprünglich aus dem Türkischen.

Lies dir die Wörter und Erklärungen in der Tabelle durch.

Male immer drei Kästchen, die zusammengehören, in derselben Farbe an.

| deutsches Wort | türkisches Wort | Erklärung |
|---|---|---|
| Kaffee | havyar | Milchprodukt |
| Joghurt | pazar | Fischeier, die man essen kann |
| Kaviar | kahve | Markt |
| Karawane | yoğurt | große Reisegruppe auf Kamelen |
| Basar | kervan | heißes Getränk, das Erwachsene mögen |

Auch diese Wörter haben wir aus dem Türkischen übernommen. Was bedeuten sie? Erkläre.

Dolmetscher: ______________________

______________________

Kiosk: ______________________

______________________

Name:

lesen **schreiben** forschen malen/basteln **rätseln** spielen

# Wörter verdrehen

Mira erklärt Max, dass es nicht „Schraubenschlepper“, sondern „Raupenschlepper“ heißt. Gemeinsam spielen sie das Spiel „Wörter verdrehen“.

Verbinde die passenden Wörter miteinander.

| | |
|---|---|
| Eiscreme • | • Diebladen |
| Streifenzebra • | • Speisequark |
| Quarkspeise • | • Schrankkleider |
| Kinderzimmer • | • Postkarten |
| Zahnmilch • | • Hosenknopf |
| Kleiderschrank • | • Cremeeis |
| Ladendieb • | • Zebrastreifen |
| Kartenpost • | • Salatkopf |
| Kopfsalat • | • Hutsonnen |
| Knopfhosen • | • Milchzahn |
| Sonnenhut • | • Zimmerkinder |

Welche Wörter gibt es wirklich? Male sie grün an.
Welche Wörter gibt es nicht? Male sie rot an.

Was ist mit diesen Wörtern geschehen?
Schreibe sie richtig in dein Heft.

Tipp: Du brauchst diese Dinge alle in der Schule.

Mederfappe

Beseluch

Drotbose

Schurntuh

Hathemeft

Kalmasten

 

Name:

lesen **schreiben** forschen malen/basteln **rätseln** spielen

# Gegensätze

Jeder Mensch ist besonders. Niemand ist genauso wie der andere.

Finde die Gegensatzpaare. Schreibe die richtige Rechnung dazu.

dunkelhäutig (+ 10) traurig (– 2) fleißig (+ 7) klug (+ 3)

dünn (+ 0) kurz (– 1) frech (– 10) unfreundlich (+ 9) neu (+ 1)

| | | |
|---|---|---|
| groß (5) | klein (– 3) | 5 – 3 = 2 |
| lang (18) | | |
| dick (2) | | |
| fröhlich (8) | | |
| alt (6) | | |
| dumm (5) | | |
| freundlich (1) | | |
| hellhäutig (0) | | |
| brav (13) | | |
| faul (2) | | |

Zähle hier alle Ergebnisse aus Aufgabe 1 zusammen.

Mein Endergebnis lautet:

Name:

lesen **schreiben** forschen **malen/basteln** rätseln spielen

# Wer bist du?

Sieh dir deinen Partner genau an und male ihn in den Rahmen.

Finde etwas über deinen Partner heraus. Lies ihm die Fragen vor und schreibe seine Antworten auf.

## Steckbrief von

Wie alt bist du?

Wo wohnst du?

Was isst du am liebsten?

Was ist deine Lieblingsfarbe?

Was kannst du besonders gut?

Was magst du besonders gerne?

Was magst du überhaupt nicht?

Welchen Beruf möchtest du später haben?

Name:

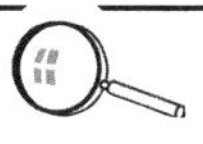

lesen schreiben forschen malen/basteln **rätseln** spielen

# Wortfamilie „Hand“

In einer Familie tragen alle denselben Familiennamen. Bei der Wortfamilie „Hand“ steckt in jedem Wort das Nomen „Hand“.

Löse das Rätsel. Finde die Nomen aus der Wortfamilie „Hand“.

1. Das schmiert man sich auf die Hände, damit sie zart sind.
2. Frauen tragen sie. Darin befinden sich z. B. ihr Schlüssel, Geldbeutel und Handy.
3. Das verbindet deine Hand und deinen Arm. Du kannst es drehen.
4. Ein runder Gegenstand, den man werfen kann.
5. Wenn man auf den Händen steht, ist das ein …
6. Die Hand, mit der du schreibst, ist deine …
7. Zum Abschied gibt es einen …
8. Damit trocknet man sich die Hände ab.
9. Wenn man mit links schreibt, ist man ein …

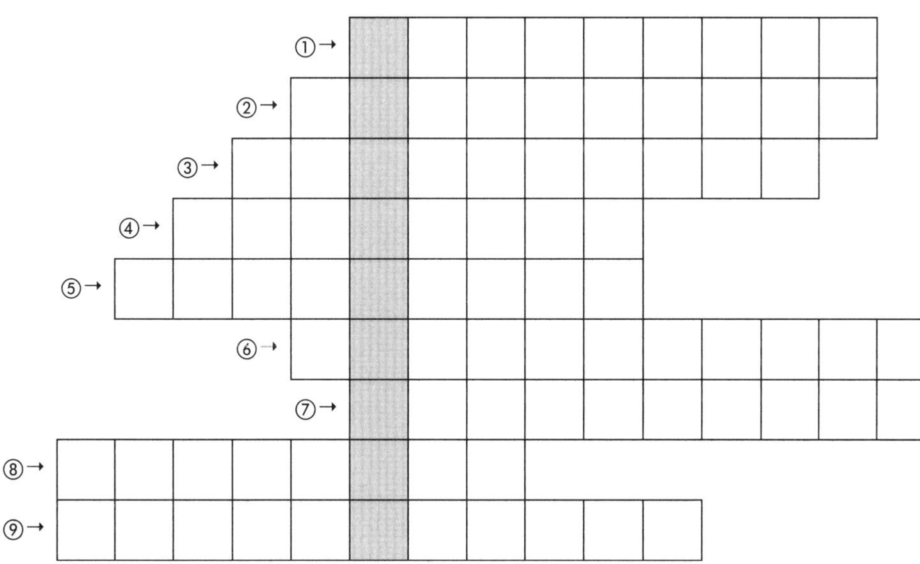

Die grau hinterlegten Buchstaben ergeben ein Lösungswort.
Schreibe es auf.

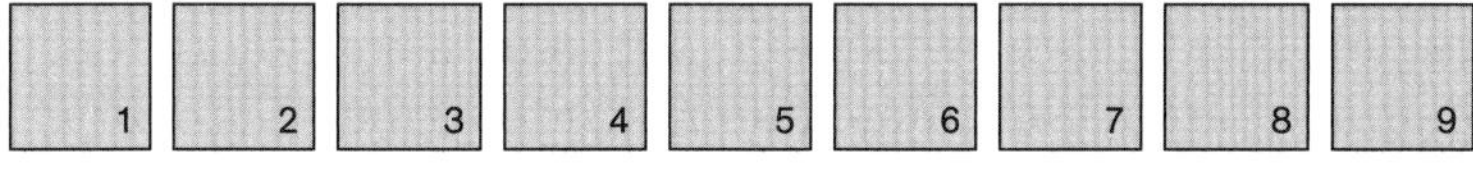

# Fingerpuppen basteln

Gestalte eine oder mehrere Fingerpuppen und probe mit deinem Partner eine kurze Szene.

**Du brauchst:**

- Farbstifte
- eine Schere
- Tonpapier
- Klebeband
- Klebstoff

**So geht's:**

1. Male die Figur bunt an.
2. Schneide die Figur grob aus.
3. Klebe sie auf das Tonpapier und schneide sie genau aus.
4. Schneide einen 1,5 cm breiten Streifen Tonpapier aus. Klebe ihn zu einem Ring zusammen.
5. Klebe den Fingerring von hinten an die Figur.
6. Stecke einen Finger durch den Ring und spiele mit deiner Figur.

# Logical

Sieh dir die Bilder an.

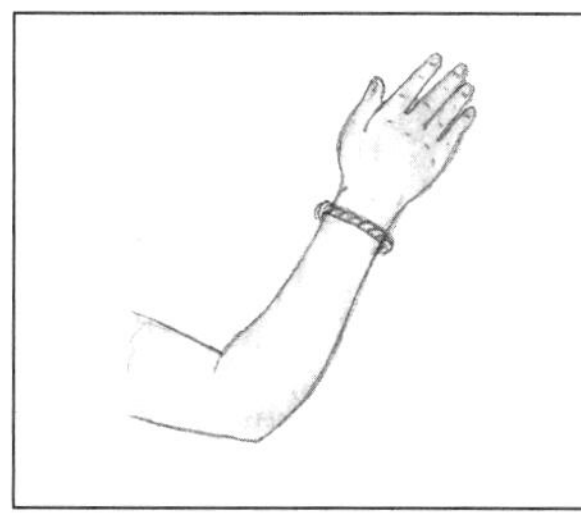
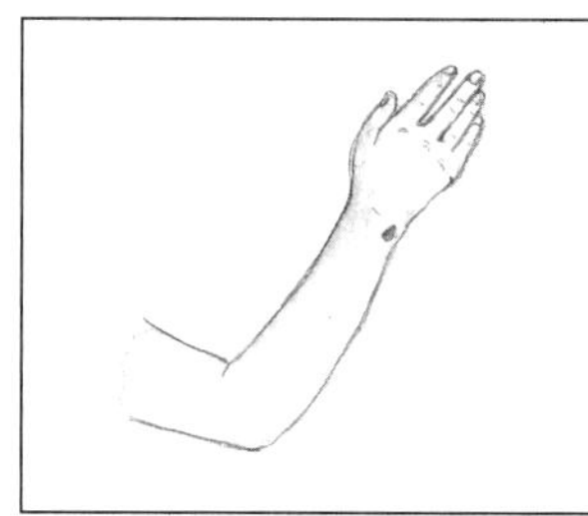
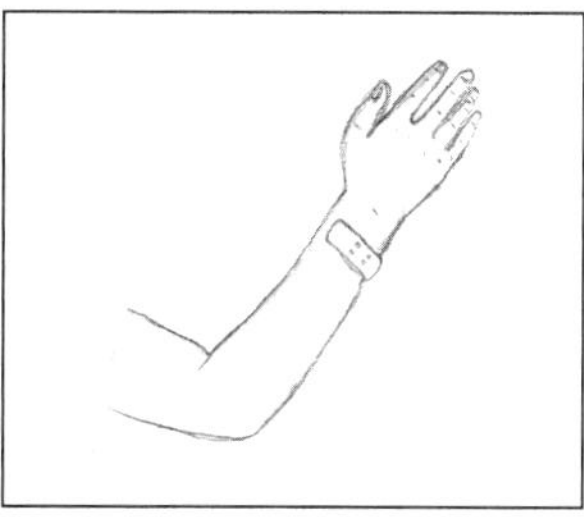
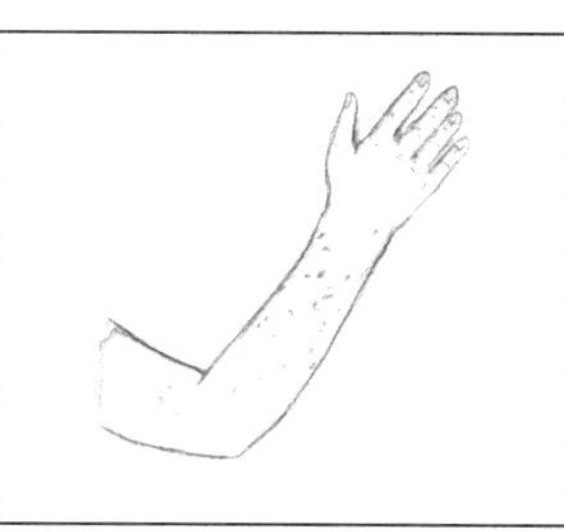

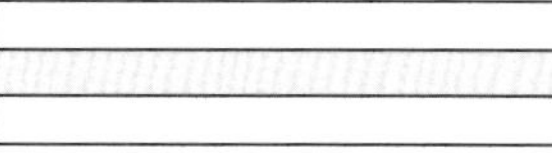
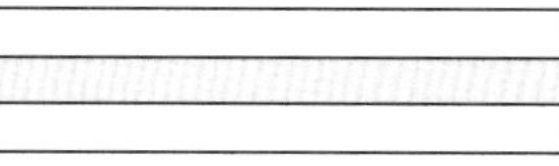
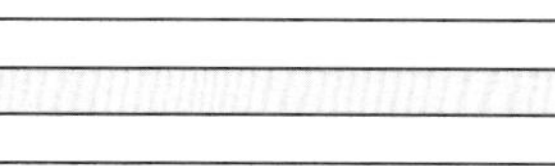
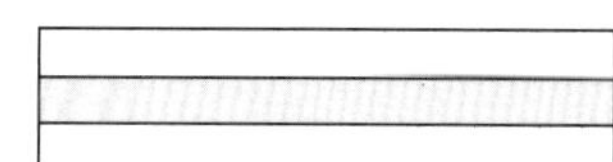

Lies die Sätze.

Lisa hat viele Sommersprossen.
Emre hat sich neulich beim Sport verletzt.
Theo trägt kein Armband.
Das Kind, das ein Armband trägt, ist ein Mädchen.

Welcher Arm gehört zu welchem Kind?
Schreibe ein „+“, wenn eine Aussage zutrifft, und ein „–“, wenn sie nicht zutrifft. Achtung: Jede Person hat ein anderes Merkmal.

| | Armband | Leberfleck | Pflaster | Sommersprossen |
|---|---|---|---|---|
| Theo | | | | – |
| Lisa | – | – | – | + |
| Emre | | | | – |
| Aylin | | | | – |

Schreibe die richtigen Namen der Kinder unter die Bilder oben.

Name:

lesen
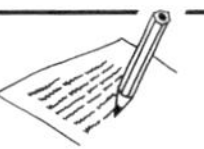
**schreiben**
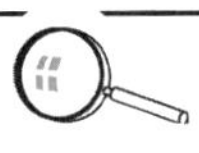
**forschen**

malen/basteln

rätseln

spielen

# Zeigt her eure Hände …

Vergleicht zu dritt eure Hände.

Beispiel: Mira hat große Hände.
Max hat größere Hände.
Ich habe die größten Hände.

1. Vergleicht die Größe eurer Hände (groß – größer – am größten).

2. Vergleicht die Länge eurer Daumen (lang – länger – am längsten).

3. Vergleicht die Breite eurer Hände (breit – breiter – am breitesten).

4. Vergleicht die Kürze eurer kleinen Finger (kurz – kürzer – am kürzesten).

# Fingerstempelbilder

Hast du schon einmal mit deinen Fingern gestempelt? Dabei entstehen tolle Bilder. Sieh dir die Beispiele unten an und probiere es selbst aus.

**Du brauchst:**

- einen Malkasten
- ein gefülltes Wasserglas
- ein Tuch zum Saubermachen der Finger
- Farbstifte
- ein weißes Blatt Papier

**So geht's:**

1. Stemple mit der linken Hand: Tauche einen Finger kurz ins Wasser und dann in eine Farbe.
2. Setze den Finger wie einen Stempel aufs Papier.
3. Ziehe mit der rechten Hand die Striche.
4. Erfinde eigene Figuren und stemple ein Bild.

| Beispiele | Meine Fingerstempelbilder |
|---|---|
| | |
| | |
| | |

Name:

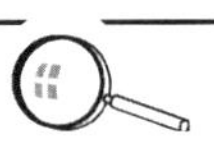

lesen **schreiben** **forschen** **malen/basteln** rätseln spielen

# Meine Hände und ich

Miss mit dem Lineal und ergänze den Handsteckbrief.

Meine Hand ist vom Handgelenk bis zur Spitze des Mittelfingers

☐ Zentimeter lang.

Meine Handfläche ist an der breitesten Stelle  Zentimeter breit.

Gestalte deine Hand aus Papier.

1. Lege deine Hand auf das Blatt und umfahre sie mit einem Bleistift.
2. Schreibe in jeden Finger etwas, das typisch für dich ist.
3. Schneide deine Papierhand aus und verziere sie.

✂

Name:

# Was unsere Hände alles können

Wie gut, dass wir unsere Hände haben. Sonst könnten wir vieles nicht tun.

Trage in die Tabelle ein, ob es gut funktioniert: ☺, einigermaßen funktioniert: 😐 oder gar nicht funktioniert: ☹.

| | mit beiden Händen | nur mit der rechten Hand | nur mit der linken Hand | ohne Hände |
|---|---|---|---|---|
| mit einem Stift schreiben | | | | |
| eine Flasche öffnen | | | | |
| aus einer Flasche trinken | | | | |
| mit der Schere schneiden | | | | |
| etwas wegradieren | | | | |
| einen Reißverschluss öffnen | | | | |
| eine Brotdose öffnen | | | | |
| eine Tür öffnen und schließen | | | | |
| ein Buch aufschlagen | | | | |
| in einem Buch blättern | | | | |

# Taubstummen-Abc

Taubstumme Menschen können Wörter mit ihren Fingern buchstabieren.

Sieh dir das Fingeralphabet links an.

Versuche nun, die Bilderwörter rechts mithilfe des Taubstummen-Abc zu lesen, und schreibe ihre Bedeutung auf.

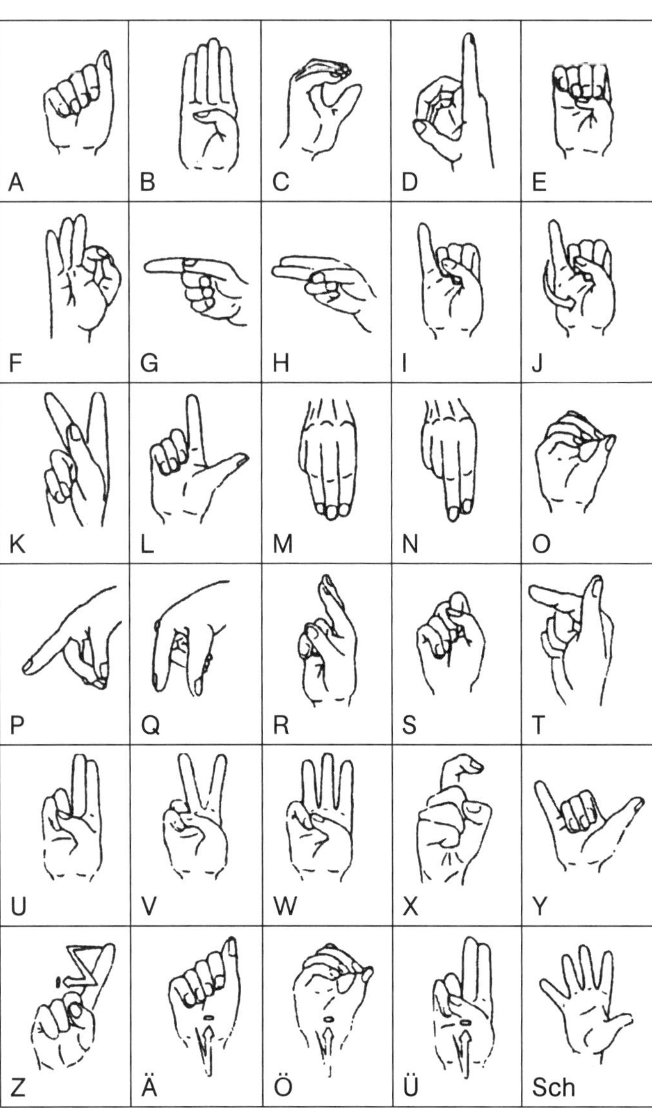

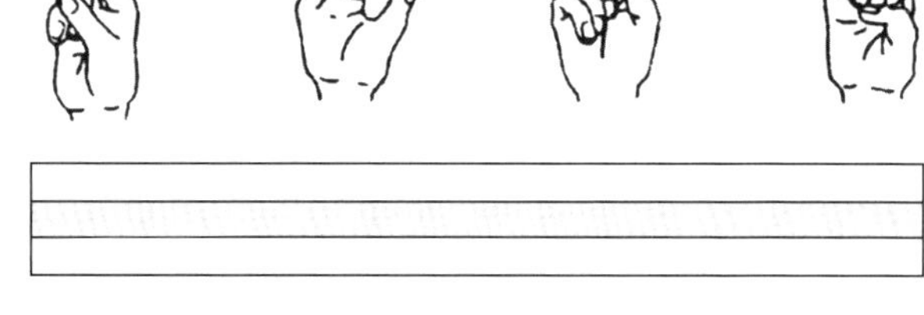

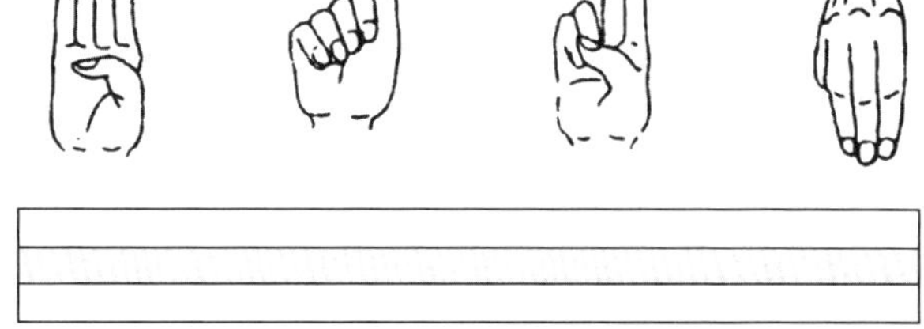

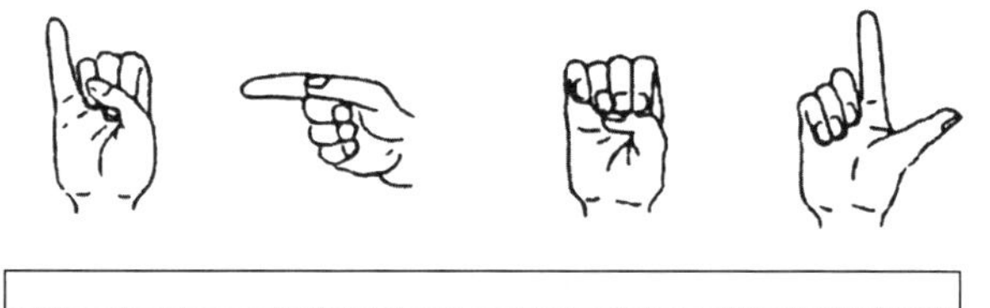

Buchstabiere Wörter mit den Fingern. Dein Partner rät.

Name:

**lesen** schreiben forschen malen/basteln rätseln spielen

# Lies genau!

In jeder Zeile ist ein Wort zu viel. Finde es und streiche es durch. Schreibe es dann unten auf. So ergibt sich ein Lösungssatz.

Der Schultag ist so Wie schnell vergangen

wie nie schön zuvor.

„Das es mit den Händen

doch an der Wäscheleine

fand ist ich obercool“,

sagt Max zu Mira, nachdem sie einen

das guten Schlusslied gesungen haben.

Gemeinsam laufen die beiden Freund

die Treppe zum Schulhof hinunter zu.

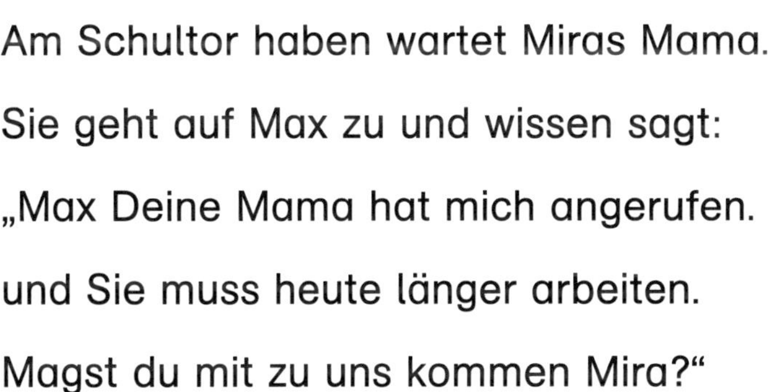

Am Schultor haben wartet Miras Mama.

Sie geht auf Max zu und wissen sagt:

„Max Deine Mama hat mich angerufen.

und Sie muss heute länger arbeiten.

Magst du mit zu uns kommen Mira?“

„ganz Cool“, sagt Max wieder.

Es ist gerade genau sein Lieblingswort.

Name:

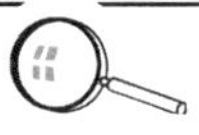

**lesen** schreiben forschen malen/basteln rätseln spielen

# Kirche und Moschee

Max lernt bei Mira, was eine Kirche von einer Moschee unterscheidet.

Was passt zur Kirche? Was passt zur Moschee?
Ordne die Sätze den Bildern zu.

Das ist eine Moschee für Muslime.

Das ist eine Kirche für Christen.

Auf der Turmspitze sieht man oft ein Kreuz.

Von hier werden die Menschen fünfmal am Tag zum Gebet gerufen.

Vor dem Eintreten zieht man die Schuhe aus.

Innen ist alles mit Teppichen ausgelegt.

Es gibt nur wenige Teppiche.

Die Menschen sitzen auf Holzbänken.

Hier beten alle zusammen.

Männer und Frauen beten getrennt.

Name:

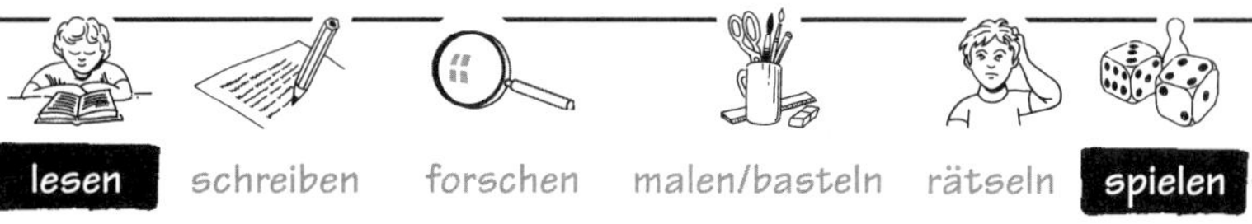

**lesen** schreiben forschen malen/basteln rätseln **spielen**

# Religionen-Domino

Schneide die Karten aus und lege sie passend aneinander.

| | | | |
|---|---|---|---|
| ANFANG | Das Gotteshaus der Muslime heißt Moschee. |  | Ein gläubiger Muslim betet fünfmal am Tag. |
|  | In der Moschee gibt es schöne Teppiche. |  | In der Fastenzeit der Christen vor Ostern verzichten viele auf etwas, z. B. auf Alkohol. |
|  | ENDE | 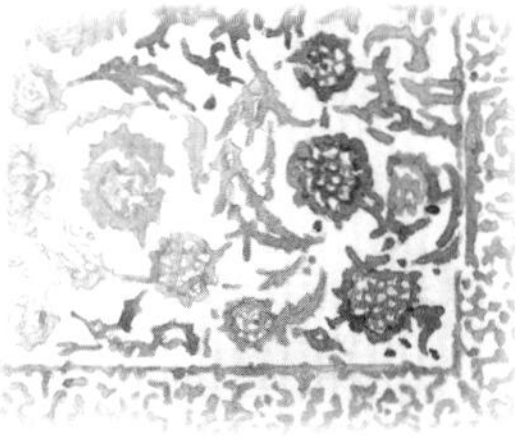 | In der Kirche stehen Holzbänke hintereinander. |
|  | Das Gotteshaus der Christen heißt Kirche. |  | Für die Christen ist Jesus Gottes Sohn, für die Muslime ein Prophet. |
|  | Am Zuckerfest werden Kleider und Süßigkeiten verschenkt. |  | Im Ramadan essen viele Muslime erst nach Sonnenuntergang. |
| 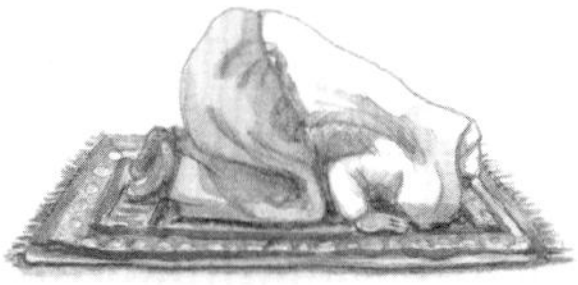 | Christen beten z. B. vor dem Essen oder dem Schlafen. |  | An Weihnachten feiert man die Geburt von Jesus mit Geschenken. |

Name:

**lesen** schreiben forschen malen/basteln **rätseln** spielen

# Feste feiern

Lies den Text über die zwei wichtigsten Feste der Muslime.

Im Fastenmonat Ramadan essen und trinken die gläubigen erwachsenen Muslime von Sonnenaufgang bis Sonnenuntergang nichts. Der Ramadan endet mit dem dreitägigen „Fest des Fastenbrechens“ (arabisch: Eid al-Fitr). Es wird auch „Zuckerfest“ genannt (türkisch: Şeker Bayramı). Die Kinder bekommen in dieser Zeit viele Süßigkeiten.
Das höchste islamische Fest ist das „Opferfest“. Die Muslime erinnern an die Geschichte von Abraham, der auf Gottes Befehl hin seinen Sohn Ismael opfern sollte. Als Gott erkannte, dass Abraham dazu bereit war, schickte er einen Widder, der anstelle von Ismael getötet wurde. Am Opferfest schlachten manche Muslime auch heute noch ein Tier, andere spenden Geld für einen guten Zweck.

Wahr oder falsch? Markiere jeweils den richtigen Buchstaben farbig.

| | wahr | falsch |
|---|---|---|
| 1. Auch Muslime feiern Weihnachten. | M | Z |
| 2. Die wichtigsten Feste der Muslime sind das „Fest des Fastenbrechens“ und das „Opferfest“. | U | E |
| 3. Während des Ramadan essen erwachsene Muslime die ganze Nacht nichts. | R | C |
| 4. Am Zuckerfest darf man keinen Zucker essen. | S | K |
| 5. Am Opferfest erinnern die Muslime an die Geschichte von Abraham und seinem Sohn Ismael. | E | T |
| 6. Alle Muslime schlachten am Opferfest ein Tier. | A | R |

Lösungswort: ______________________

# Kennst du diese Geschichten?

Die Bibel und der Koran haben viele Geschichten gemeinsam.

Sieh dir die Bilder an und lies die Texte. Verbinde jedes Bild mit dem passenden Text.
Male die Bilder dann farbig an.

|  |  |  |  |
|---|---|---|---|
| • | • | • | • |
| • | • | • | • |
| Für die Christen ist Jesus Gottes Sohn, für Muslime ein Prophet, also ein Verkünder göttlicher Botschaften. | Moses wurde als Kind in einem Weidenkörbchen im Fluss ausgesetzt. So gelangte er in das Haus des Pharaos. | Adam und Eva lebten im Paradies. Nachdem sie von der verbotenen Frucht gegessen hatten, wurden sie daraus vertrieben. | Als die Sintflut kam, baute Noah ein Schiff und nahm von jeder Tierart ein Pärchen mit. Nur die Arche überstand die Sintflut. |

Name:

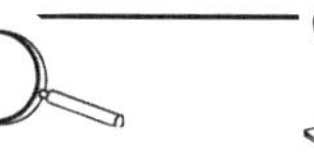
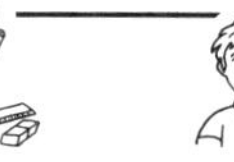

lesen **schreiben** forschen malen/basteln rätseln spielen

# Was Max alles denkt …

Schreibe in die Denkblasen, was Max auf dem Nachhauseweg durch den Kopf geht.

In der Schule

Bei Mira

Alle sind anders

Name:

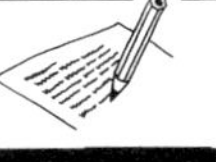

lesen **schreiben** forschen **malen/basteln** rätseln spielen

# Max schreibt Oma einen Brief

Max möchte seiner Oma gerne von seinem Tag erzählen.

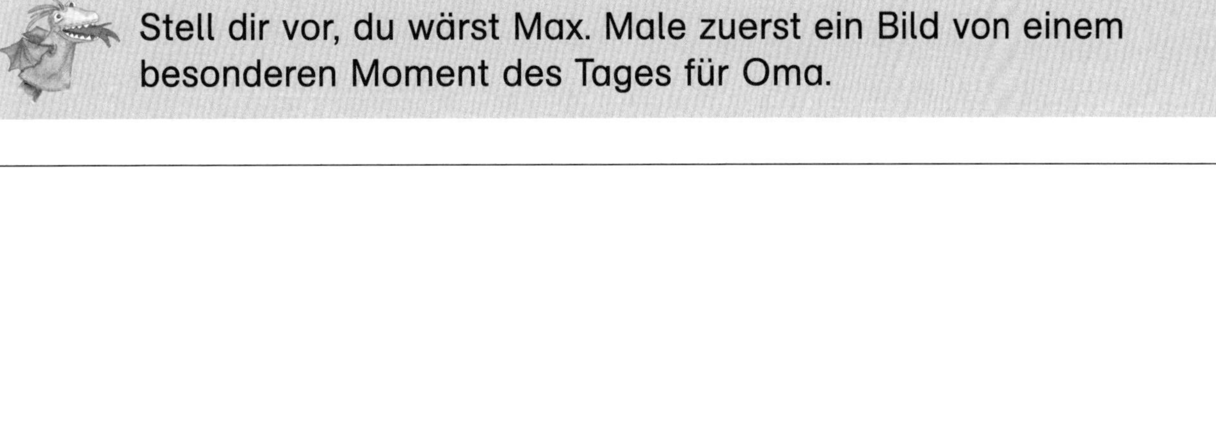

Stell dir vor, du wärst Max. Male zuerst ein Bild von einem besonderen Moment des Tages für Oma.

Schreibe jetzt einen Brief an Oma.

Liebe Oma,

heute war ein aufregender Tag.

# Mit Max und Mira durch den Tag

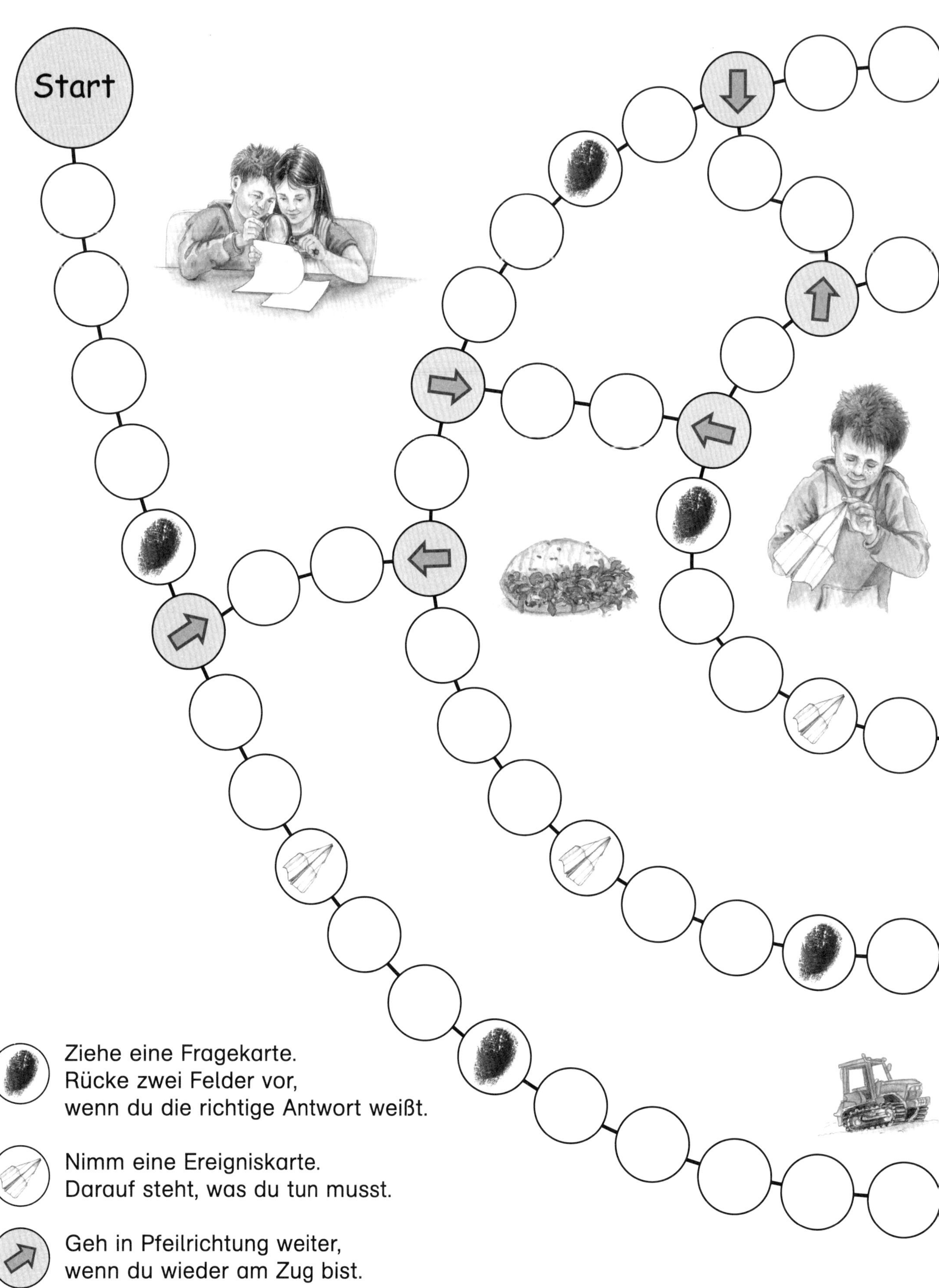


Ziehe eine Fragekarte.
Rücke zwei Felder vor,
wenn du die richtige Antwort weißt.

Nimm eine Ereigniskarte.
Darauf steht, was du tun musst.

Geh in Pfeilrichtung weiter,
wenn du wieder am Zug bist.

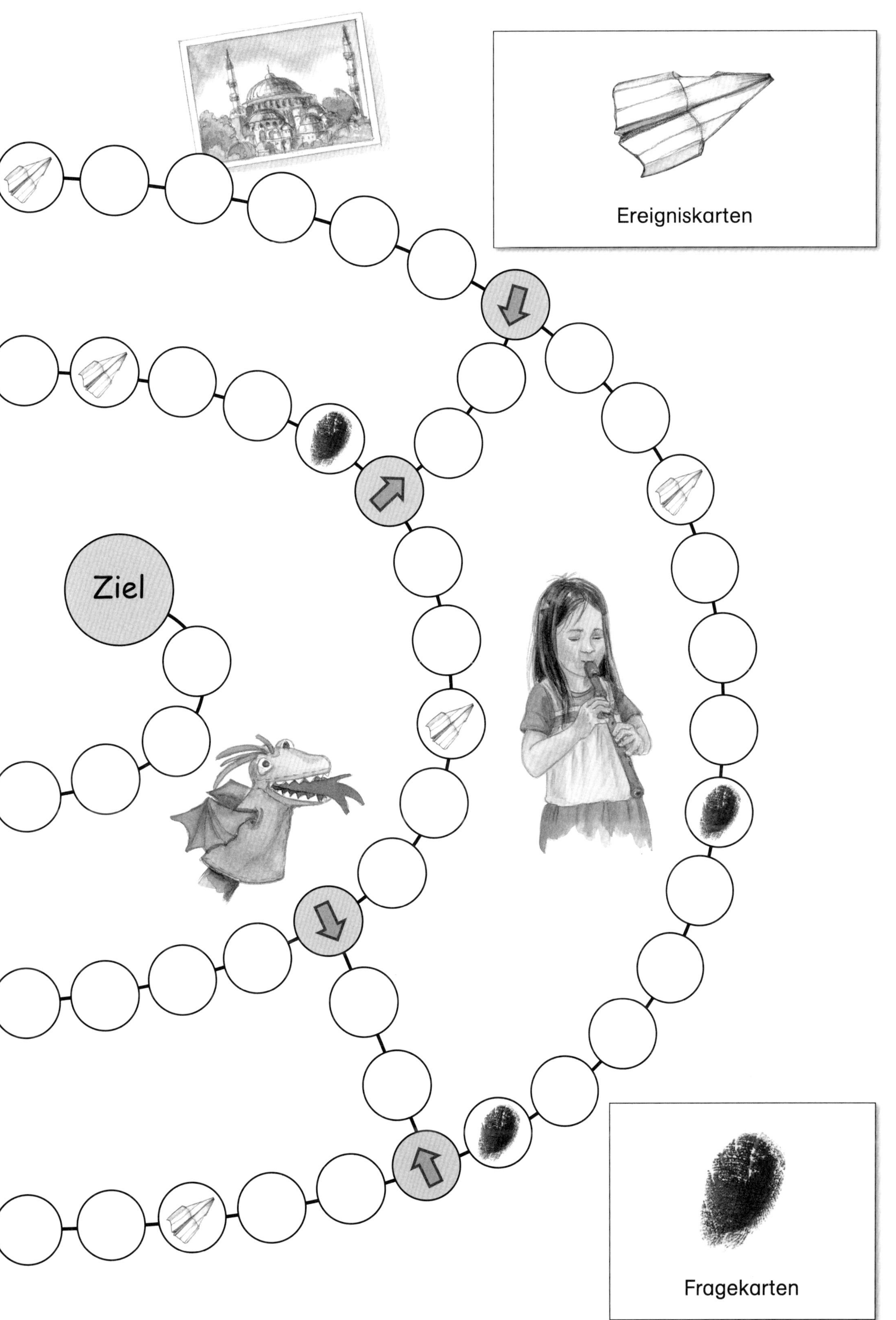
Ereigniskarten
Ziel
Fragekarten

# Mit Max und Mira durch den Tag

Fragekarten

✂

| | | |
|---|---|---|
| Wie nennt man das Gotteshaus der Muslime?<br><br>Moschee. | Was machen Muslime im Ramadan?<br><br>Sie fasten. | Wen gibt es in der Bibel und im Koran?<br><br>Adam und Eva, Noah, Moses, Jesus. |
| Woran erkennt die Polizei einen Verbrecher?<br><br>Am Fingerabdruck. | Was ist ein Basar?<br><br>Ein Markt. | Wie beten Männer und Frauen in der Moschee?<br><br>Getrennt. |
| Wie heißt das Buch der Christen?<br><br>Bibel. | Wie heißt das Buch der Muslime?<br><br>Koran. | Wie oft betet ein Muslim?<br><br>Fünfmal am Tag. |
| Was tut man, bevor man eine Moschee betritt?<br><br>Die Schuhe ausziehen. | Was haben Zwillinge nicht gemeinsam?<br><br>Den Fingerabdruck. | Was bekommen Kinder am Zuckerfest?<br><br>Süßigkeiten. |
| | | |

 

# Mit Max und Mira durch den Tag

Ereigniskarten

✂

Mira kommt zu spät zur Schule.

**Setze einmal aus.**

Weil Miras Mutter fastet, verzichtet Max auch aufs Essen.

**Setze einmal aus.**

Mira hilft einem Kind beim Handabmalen.

**Würfle noch einmal.**

Max' Papierflieger ist am weitesten geflogen.

**Gehe ein Feld vor.**

Mira gewinnt beim Rate-Theater.

**Würfle noch einmal.**

Max hat vergessen, seine Schuhe wieder anzuziehen.

**Gehe ein Feld zurück.**

Mira hat in der Schule nicht aufgepasst.

**Gehe ein Feld zurück.**

Mira erklärt Max, was eine Moschee ist.

**Gehe ein Feld vor.**

Max hilft seiner kranken Mutter.

**Würfle noch einmal.**

Name:

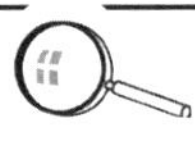

**lesen** schreiben forschen malen/basteln **rätseln** spielen

# Max-und-Mira-Test

Was stimmt? Kreise den Buchstaben vor der richtigen Lösung ein.

1. Max und Mira kennen sich …
   - F) … seit dem Kindergarten.
   - L) … seit der Einschulung.
   - I) … aus dem Sportverein.
   - N) … aus der Kirche.

2. Mira kommt ursprünglich …
   - O) … aus Berlin.
   - B) … aus Syrien.
   - R) … aus der Türkei.
   - P) … aus Russland.

3. Der Neue in der Klasse …
   - J) … heißt Jakub und kommt aus Polen.
   - D) … heißt John und kommt aus Amerika.
   - E) … heißt Joshua und kommt aus Afrika.
   - U) … heißt Jerome und kommt aus Frankreich.

4. Am Ende des Schultags hängen auf der Wäscheleine …
   - N) … schmutzige Socken.
   - U) … lauter bunte Hände aus Papier.
   - E) … Briefe.
   - G) … Süßigkeiten.

5. Max darf bei Mira mittagessen, weil seine Mama heute …
   - N) … länger arbeiten muss.
   - H) … mal ihre Ruhe haben möchte.
   - F) … krank ist.
   - S) … auf Geschäftsreise ist.

6. Miras Mama isst nichts, weil …
   - K) … ihr das Essen nicht schmeckt.
   - A) … sie zu wenig gekocht hat.
   - D) … Ramadan ist und sie fastet.
   - E) … sie keine Zeit hat.

Trage die Buchstaben der Reihe nach ein.
So ergibt sich ein Lösungswort.

# Die Geschichte in Bildern

Sieh dir die Bilder genau an. Schreibe auf, was an dieser Stelle im Buch passiert.

# Eine Blume für einen Freund

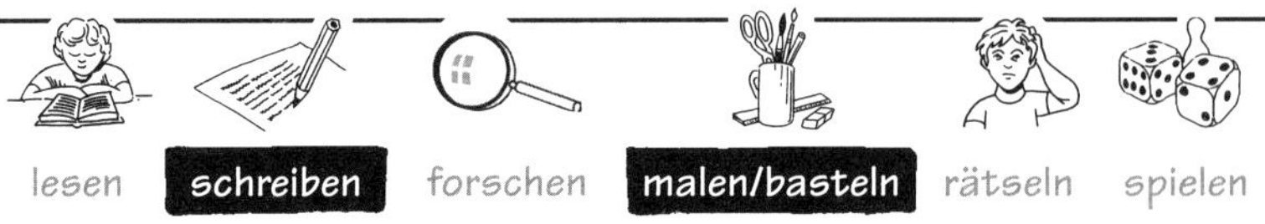

**Gestalte eine Blume für einen Freund.**

1. Denke an einen Freund, dem du die Blume schenken möchtest.
2. Schreibe in jedes Blütenblatt etwas, das du an deinem Freund magst.
3. Male die Blume schön an.
4. Schneide die Blume aus und schenke sie deinem Freund.

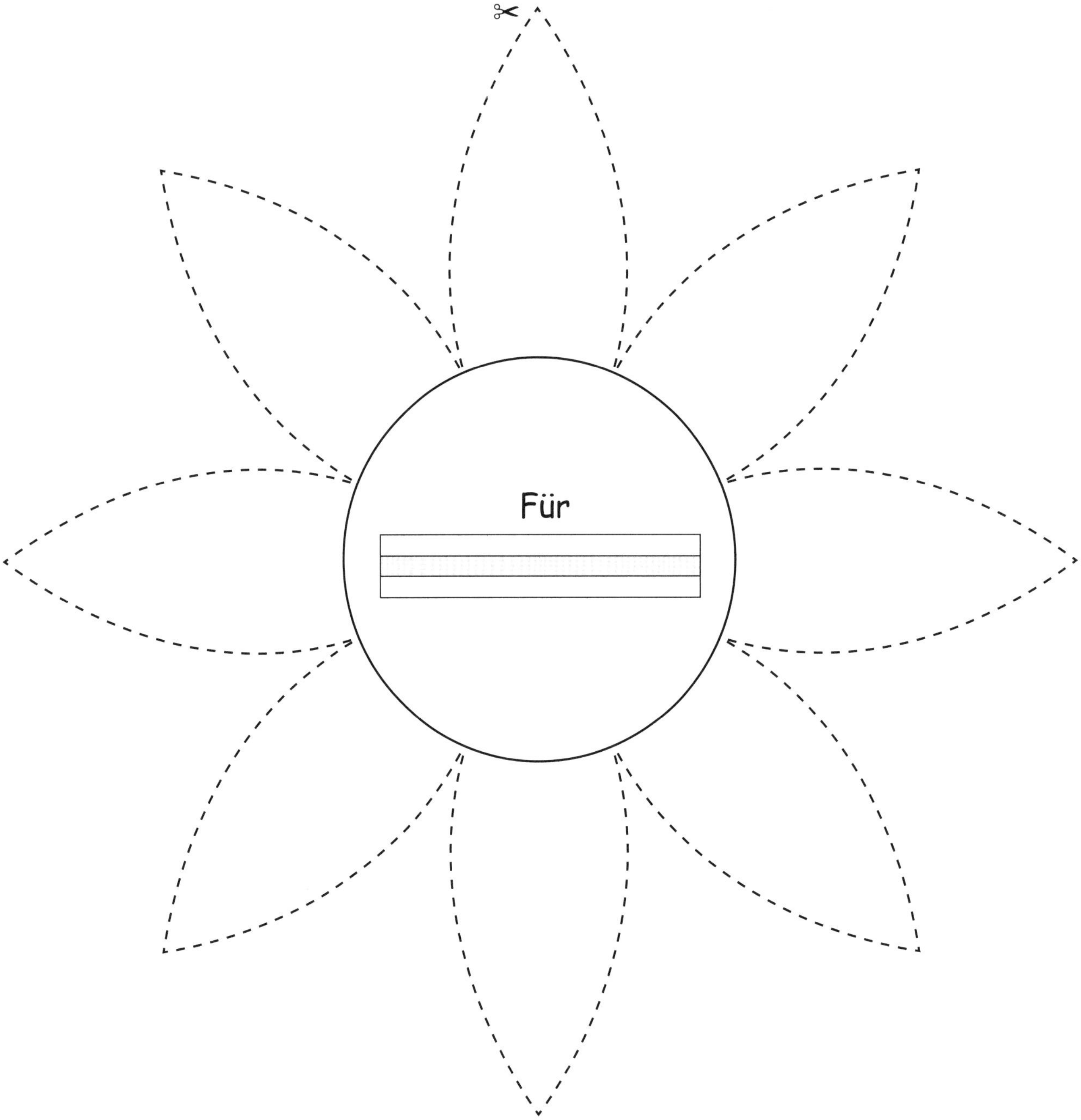

Für